LA VÉRITABLE HISTOIRE

Collection
dirigée
par
Jean Malye

LA VÉRITABLE
HISTOIRE
D'HANNIBAL

Textes réunis et commentés
par
Jean Malye

LES BELLES LETTRES
2011

Les dates s'entendent avant J.-C. sauf cas indiqués.

Au moment où son père allait partir avec ses troupes pour son expédition en Ibérie, il avait alors neuf ans et se tenait debout auprès de l'autel où son père sacrifiait à Zeus. Lorsque, sous d'heureux auspices, celui-ci eut versé les libations aux dieux et accompli les rites, il ordonna aux autres personnes qui assistaient au sacrifice de s'écarter un peu. Puis il fit venir à lui l'enfant auquel il demanda avec tendresse s'il voulait partir en expédition avec lui. Hannibal fit joyeusement oui de la tête et même, à la manière des enfants, il insista. Son père, le prenant par la main droite, le conduisit à l'autel et lui ordonna de jurer, en touchant les victimes, qu'il ne serait jamais l'ami des Romains.

Polybe, *Histoires*, 3, 11, 5-7

UN PÈRE EXEMPLAIRE

247-229

Un premier conflit avait opposé Romains et Carthaginois de 264 à 241, la première guerre punique ou guerre de Sicile.

La mainmise sur cette île était primordiale pour un peuple qui fondait toute sa richesse sur le commerce maritime plutôt que sur l'exploitation des ressources de l'arrière-pays africain.

Il lui était en particulier indispensable de contrôler la pointe occidentale de l'île qui protégeait son propre territoire (moins de 150 km séparent Lylibée, la pointe de la Sicile, du cap Bon). Par ailleurs, conserver la Sicile conférait à la cité punique le contrôle du canal du même nom et donc de l'ensemble de son trafic.

En 247/246, le père d'Hannibal, Hamilcar Barca, se distingua dans cette guerre qui dura 24 ans sans discontinuer.

Les Carthaginois attribuèrent le commandement à Hamilcar, surnommé Barca[1] et lui confièrent les opérations navales ; il prit le commandement des forces de mer et s'en alla ravager l'Italie. C'était la dix-huitième année de la guerre. Après avoir pillé la Locride et le Bruttium, il s'en retourna et débarqua avec toute son escadre dans le district de Palerme, puis il occupe un point nommé Heiretè, qui se trouve entre Éryx et Palerme au bord de la mer, et qui présente une situation bien supérieure à toute autre pour la sécurité et l'implantation d'une armée.

Polybe, *Histoires*, 1, 56, 1-3

1. Qui signifie en phénicien « la foudre ».

Mais à la bataille navale des îles Égates en 241, les Carthaginois sont vaincus et acceptent la défaite. Hamilcar est choisi pour conclure un traité de paix.

Il fit acte de chef capable et sensé. Tant que la raison lui avait fait placer son espoir dans les circonstances, il n'avait reculé devant aucune audace ni aucun danger, il avait au contraire sondé, plus que tout autre chef, toutes les chances de vaincre militairement. Mais puisque la situation s'était modifiée et qu'il ne lui restait plus raisonnablement aucun moyen de sauver les troupes sous ses ordres, il céda aux circonstances du moment avec intelligence et réalisme, et envoya des députés négocier une trêve et un traité de paix. Car c'est en principe le rôle du chef de voir d'un coup d'œil l'heure de la victoire aussi bien que l'heure de la défaite.

Polybe, *Histoires*, 1, 62, 3-6

Mais celui qu'il faut tenir pour le meilleur chef de cette époque, tant pour sa sagesse que pour sa hardiesse, c'est Hamilcar, surnommé Barca, le père de cet Hannibal qui fit plus tard la guerre aux Romains.

Polybe, *Histoires*, 1, 64, 6

Stoppé dans son élan victorieux, Hamilcar va pouvoir confirmer son efficacité en s'illustrant dans un nouveau conflit, conséquence de leur défaite, qui l'opposera aux mercenaires enrôlés dans l'armée carthaginoise.

C'est cette Guerre des Mercenaires ou Guerre d'Afrique (automne 241 – fin 238) qui servira de toile de fond au célèbre roman de Gustave Flaubert Salammbô.

Ce conflit fournira aux Romains l'occasion de s'emparer de la Sardaigne, au mépris du traité signé avec Lutatius à la fin de la Première Guerre Punique et l'historien Polybe considèrera cet acte comme la cause principale de la Seconde Guerre punique.

LE BRAS ARMÉ DE LA VENGEANCE

À partir de 218 et jusqu'en 202 va se dérouler la Deuxième Guerre punique ou Guerre d'Hannibal.

Dans son livre 3, Polybe nous raconte de 218 à 216 l'ascension d'Hannibal qui remporte des victoires en Espagne et en Italie jusqu'à la bataille de Cannes.
À travers ce récit, apparaît un portrait saisissant du jeune général carthaginois. Polybe tente de préserver son objectivité en s'inspirant autant de faits transmis par des historiens puniques que par des latins.

Hamilcar prépara aux Romains de tels ennemis en la personne d'Asdrubal, le mari de sa fille, et en la personne de son fils par le sang, Hannibal, qu'on ne pouvait dépasser un tel degré d'hostilité. Asdrubal, en raison de sa mort prématurée, ne fit pas éclater au regard de tous ses projets ; mais Hannibal trouva dans les circonstances l'occasion de manifester, oh combien ! la haine paternelle envers les Romains.

Polybe, *Histoires*, 3, 12, 3-4

Hamilcar meurt accidentellement en 229 en tentant de franchir le Jucar, lors d'une retraite face aux Celtibères. Son ami et gendre Asdrubal lui succède à la tête de l'armée d'Espagne. Il accentue alors l'autonomie du protectorat que les Barcides ont constitué en Andalousie et sur la façade méditerranéenne de la péninsule. Il lui donne tous les caractères d'une monarchie hellénistique et fait frapper sa propre monnaie. Plus politique que militaire, il conforte son pouvoir grâce à des alliances avec les chefs ibères et épouse la fille de l'un d'eux. Vers 228, il lance la construction d'une nouvelle Carthage : Carthagène où il fait ériger notamment un palais qui lui vaudra l'admiration de Polybe (10, 10, 9). Située à mi-chemin entre l'Andalousie et la Catalogne et dominant l'arrière-pays minier qui aidera grâce à ses ressources à payer les indemnités de guerre et le réarmement, son emplacement en fait un site d'importance stratégique. Il dote sa nouvelle capitale de chantiers navals et d'installations industrielles et militaires. Assassiné en 221, il laisse à Hannibal une place forte et un royaume riche et bien structuré qui lui permit de préparer sa conquête de l'Italie dans les meilleures conditions.

À l'âge de 26 ans, Hannibal est choisi à l'unanimité par l'armée pour succéder à son beau-frère. Le nouveau chef, adulé par ses troupes, pacifie la région en se révélant déjà en fin stratège. Ayant servi sous les ordres de ces deux grands généraux barcides, il transforme très vite ses attaques en premières victoires. La provocation contre Rome n'est pas loin.

Hannibal le malin décide donc de prendre Sagonte. Avec plusieurs idées en tête.

Hannibal, de son côté, levant le camp avec son armée, quitta Carthagène et marcha contre Sagonte. Cette ville est située au piémont, aboutissant à la mer, de la chaîne montagneuse reliant les extrémités de l'Ibérie et de la Celtibérie, et elle se trouve à une distance d'environ sept stades de la mer[1]. Ses habitants exploitent un territoire qui produit toutes sortes de fruits et qui est le plus fertile de toute l'Ibérie. Hannibal installa alors son camp devant la ville et s'occupa énergiquement du siège, prévoyant qu'il tirerait de la place, s'il la prenait de vive force, beaucoup d'avantages pour l'avenir. Premièrement, il estima qu'il ôterait aux Romains

---

1. 1,2 km.

l'espoir de mener la guerre en Ibérie ; deuxièmement, en frappant tous les peuples de terreur, il était persuadé qu'il rendrait plus dociles ceux des Ibères qui étaient déjà soumis à son autorité et plus circonspects ceux qui étaient pour le moment encore indépendants ; mais, principalement, en ne laissant rien d'hostile derrière lui, il poursuivrait en toute sécurité sa marche en avant. Outre cela, il estimait qu'il s'y procurerait lui-même en abondance des approvisionnements pour son entreprise, qu'il inspirerait de l'ardeur à ses troupes grâce au butin qui reviendrait à chaque homme et qu'il se concilierait la faveur des Carthaginois de la métropole au moyen des dépouilles qu'il leur expédierait. C'était parce qu'il faisait de tels calculs qu'il s'attachait énergiquement au siège : certaines fois, il donnait l'exemple à la troupe en prenant sa propre part de souffrances dans les travaux ; d'autres fois, il exhortait la troupe et s'exposait bravement aux dangers. Après avoir enduré toutes sortes de misères et de soucis, il prit la ville de vive force au bout de huit mois. Devenu maître d'un gros butin en numéraire, en captifs et en matériel, il réserva le numéraire à sa propre entreprise, suivant son intention initiale, il répartit les captifs entre ses soldats, chacun selon ses mérites, et envoya sur-le-champ tout le matériel aux Carthaginois. En agissant ainsi, il ne se trompait pas dans ses calculs et ne manquait pas son but initial : il rendit ses soldats plus ardents à combattre, prépara les Carthaginois à exécuter ses volontés ; lui-même, après cela, réalisa beaucoup de choses utiles grâce aux ressources qu'il tenait en réserve.

Polybe, *Histoires*, 3, 17

Les Romains envoient une ambassade à Carthage. Ultimatum offensant, plaidoyer des deux parties.

Les Romains, dès que fut tombée chez eux la nouvelle de l'infortune advenue aux Sagontins, désignèrent des ambassadeurs qu'ils dépêchèrent en toute hâte à Carthage, avec mission de présenter là-bas deux propositions, dont l'une, croyaient-ils, apporterait aux Carthaginois, s'ils l'acceptaient, à la fois honte et dommage, l'autre le début de difficultés et de périls considérables : ils demandaient aux Carthaginois de livrer à la discrétion des Romains leur général Hannibal ainsi que les sénateurs qui l'accompagnaient ; sinon, ils leur déclaraient la guerre. Quand les Romains furent parvenus à Carthage et eurent été introduits devant le sénat, ils exposèrent cela. Les Carthaginois écoutèrent avec indignation le choix qui leur était proposé. Cependant, prenant comme porte-parole le plus habile d'entre eux, ils entreprirent de plaider leur cause.

Ils taisaient la convention d'Asdrubal[2] comme n'existant pas et, à supposer qu'elle existât, comme sans valeur pour eux, puisqu'elle avait été passée sans leur agrément. Ils suivaient en cela l'exemple donné par les Romains eux-mêmes. Le traité conclu à la fin de la guerre de Sicile sous l'autorité de Lutatius, disaient-ils, avait été consenti par Lutatius, mais, après cela, n'avait pas été ratifié par le peuple romain, sous prétexte qu'il avait été conclu sans son agrément. Tout au long de leur plaidoyer, ils insistaient et s'appuyaient sur le dernier traité conclu dans la guerre de Sicile. Ils prétendaient qu'on n'y trouvait rien d'écrit à propos de l'Ibérie, mais qu'y avait été expressément consignée la garantie de la sécurité des alliés de chaque partie. Ils alléguaient que les Sagontins n'étaient pas à cette date les alliés des Romains et, pour cela, faisaient lire et relire le texte du traité.

Les Romains, pour leur part, refusaient, une fois pour toutes, de plaider leur cause. Ils déclaraient que, tant que la cité des Sagontins était encore intacte, la situation admettait un plaidoyer et il était possible de régler les points de litige

---

2. Traité de l'Èbre signé par Asdrubal le Beau en 226 (Polybe, *Histoires*, 3, 15, 5 et 27, 9).

par des pourparlers ; mais, maintenant que la cité avait été victime d'une violation du traité, soit il fallait leur livrer les coupables – ce geste montrerait à tous que les Carthaginois n'avaient aucune part à l'injustice et que ce forfait avait été commis sans leur agrément –, soit, s'ils ne voulaient pas faire cela et reconnaissaient ainsi leur complicité dans l'injustice, il fallait accepter la guerre. Voilà donc en gros les arguments qu'utilisèrent les deux parties.

Polybe, *Histoires*, 3, 20, 6 - 21, 8

La guerre est déclarée.

Les ambassadeurs romains (…) écoutèrent jusqu'au bout les discours des Carthaginois sans rien ajouter d'autre ; mais le plus âgé d'entre eux, montrant aux membres du sénat le pli de sa toge, leur déclara qu'il portait là à la fois la guerre et la paix, qu'il secouerait donc et laisserait tomber ce qu'ils ordonneraient. Le roi des Carthaginois l'invita à laisser tomber ce que bon lui semblait. Comme le Romain déclarait qu'il laissait tomber la guerre, une majorité de membres du sénat s'écrièrent tous ensemble qu'ils acceptaient. Là-dessus, les ambassadeurs et les séna-teurs se séparèrent.

Polybe, *Histoires*, 3, 33, 1-4

Hannibal assure ses arrières comme s'il se préparait à partir. Pour où ? Il délègue à son frère, procède à un échange habile de troupes entre l'Espagne et l'Afrique pour renforcer la sécurité et laisse une armée et une flotte conséquentes en Espagne sous les ordres d'Asdrubal. Polybe, au cours de ses années d'exil, visita le célèbre sanctuaire d'Héra situé au cap Lacinion. En 205, avant de quitter l'Italie pour rentrer en catastrophe dans sa patrie assiégée, Hannibal avait fait graver sur l'autel qu'il dédiait une inscription bilingue en grec et en punique. (Tite-Live, 24, 3, 3-7). Polybe est fier de

*révéler sa découverte. Cette inscription portait aussi le montant des
effectifs avec lesquels Hannibal arriva en Italie*[3] *(3, 56, 4).*

Hannibal prenait ses quartiers d'hiver à Carthagène[4] ;
en premier lieu, il renvoya les Ibères dans leurs cités, car
il voulait se ménager leur zèle et leur dévouement pour
l'avenir ; en second lieu, il donna des instructions à son frère
Asdrubal[5] sur la manière dont il devrait exercer l'autorité
et le pouvoir sur les Ibères et faire des préparatifs contre
les Romains, si par hasard lui-même, Hannibal, était coupé
de ses bases ; en troisième lieu, il se préoccupait d'assurer
la sécurité de l'Afrique : en un calcul tout à fait habile et
prudent, il fit passer des soldats d'Afrique en Ibérie et
d'Ibérie en Afrique, de manière à jeter par un tel dispositif
les deux peuples dans les liens d'une mutuelle fidélité. Ceux
qui passèrent en Afrique furent des Affreux, des Mastiens
et, en outre, des Orètes Ibères, des Olcades, soit en tout,
en provenance de ces peuples, mille deux cents cavaliers
et treize mille huit cent cinquante fantassins, et, en outre,
huit cent soixante-dix Baléares – terme qui, dans leur langue, signifie frondeurs ; de l'usage de la fronde, on tire par
extension le nom qu'on donne à leur peuple et à leur île.
La plupart de ces troupes furent cantonnées par Hannibal
dans les Métagonies d'Afrique et certaines à Carthage même.
Des cités dites métagonites, il dépêcha à Carthage d'autres
fantassins, au nombre de quatre mille, tenant lieu à la fois
d'otages et de renforts.

Polybe, *Histoires*, 3, 33, 5-13

3. Voir p. 42.
4. C'est l'hiver 219/218, après la prise de Sagonte.
5. Hannibal avait trois sœurs et deux frères, Asdrubal et
Magon.

L'historien Tite-Live ajoute qu'avant de partir…

Hannibal vit en songe un jeune homme d'apparence divine qui, lui dit-il, avait été envoyé par Jupiter pour lui servir de guide jusqu'en Italie : « il devait donc le suivre, sans nulle part détourner ses yeux de lui ». D'abord effrayé, sans regarder où que ce soit autour de lui ou en arrière, il le suivit ; puis, curieux comme l'est l'esprit humain, se demandant ce que pouvait bien être ce qu'on lui avait interdit de voir en se retournant, il ne put retenir ses regards ; alors il vit derrière lui un serpent d'une grosseur étonnante qui se déplaçait en abattant une énorme quantité d'arbres et de branchages et, le suivant, une nuée orageuse accompagnée d'un fracas de tonnerre. Comme il demandait alors ce qu'était cette masse monstrueuse et de quel prodige il s'agissait, il apprit que c'était la dévastation de l'Italie : « qu'il continuât à aller de l'avant sans poser d'autres questions et qu'il laissât les destins demeurer cachés ».

Tite-Live, *Histoire romaine*, 21, 22, 5-9

EN ROUTE VERS L'ITALIE

Pas de passage des Pyrénées et des Alpes sans l'aide des Celtes. dont il va traverser les territoires. Hannibal l'obtient ainsi que de nombreux renseignements sur les autres régions où il va passer. Car c'est bien l'Italie qu'il veut attaquer, projet fou mais ô combien important pour sa popularité, lui dont les Romains réclamaient la personne pour ne pas faire la guerre. Il encourage donc ses troupes pour le grand voyage.

Hannibal, après avoir pourvu en toutes choses à la sécurité de la situation en Afrique et en Ibérie, attendait désormais avec impatience l'arrivée des émissaires qui lui étaient dépêchés par les Celtes. Il s'était renseigné avec exactitude sur la fertilité de la contrée située au pied des Alpes et autour du fleuve du Pô, sur le nombre de ses habitants et, en outre, sur l'audace guerrière de ses hommes, mais, par-dessus tout, sur l'hostilité qu'ils éprouvaient à l'égard des Romains à la suite de la dernière guerre (…). C'est pourquoi il était suspendu à cet espoir et faisait toutes sortes de promesses transmises par les émissaires qu'il avait soin d'envoyer auprès des chefs celtes, ceux qui habitaient tant en deçà qu'au milieu des Alpes elles-mêmes. Il estimait, en effet, qu'il ne réussirait à mener la guerre contre les Romains en Italie que s'il pouvait surmonter les difficultés du trajet, et s'il pouvait trouver dans les Celtes des aides et des alliés pour atteindre l'objectif qu'il s'était assigné. Les messagers arrivèrent et lui annoncèrent le bon vouloir et l'impatience des Celtes ; ils lui déclarèrent que le passage des montagnes des Alpes était certes très pénible et difficile, mais pas impossible. Il

rassembla donc ses troupes qu'il fit sortir de leurs quartiers
d'hiver au début du printemps. Les nouvelles qu'il venait
de recevoir aussi de Carthage exaltèrent son cœur : confiant
dans sa popularité auprès de ses concitoyens, il exhortait
désormais ouvertement ses troupes à la guerre contre les
Romains, leur représentant de quelle manière les Romains
avaient entrepris de demander qu'il leur fût lui-même livré
avec tous les chefs de l'armée, leur faisant entrevoir que la
contrée dans laquelle ils se rendraient était fertile et qu'ils
trouveraient dans les Celtes des alliés dévoués. La troupe se
trouvant prête à marcher avec lui de bon cœur, il la félicita
et l'instruisit du jour fixé pour le départ. Alors, il congédia
l'assemblée.

Polybe, *Histoires*, 3, 34

*L'armée s'ébranle enfin et monte vers les Pyrénées. Non sans
difficultés. Il laisse Hannon avec une partie de l'armée et les bagages
de tous au pied des montagnes, prend les meilleurs et commence son
ascension.*

Après avoir accompli, au cours des quartiers d'hiver,
ces préparatifs et assuré pour la situation en Afrique et en
Ibérie une sécurité suffisante, quand le jour fixé fut arrivé,
Hannibal partit avec dans les quatre-vingt-dix mille fantassins et environ douze mille cavaliers. Passant le fleuve de
l'Èbre, il réduisit le peuple des Ilergètes, des Bargousiens,
des Airénosiens et des Andosiniens, sur la route qui mène
jusqu'aux Pyrénées. Quand il eut soumis tous les peuples
et pris de vive force certaines villes, avec une rapidité ines-
pérée, mais en livrant de nombreux et grands combats et en
essuyant en outre d'importantes pertes en hommes, il laissa
Hannon[1] à la tête de tout le territoire en deçà du fleuve avec,

---

1. À l'époque d'Hannibal, cet Hannon doit être distingué à la fois
du chef de file du clan anti-barcide à Carthage et du fils de Bomilcar,

aussi, les pleins pouvoirs sur les Bargousiens ; il se méfiait particulièrement de ceux-là à cause de leur dévouement envers les Romains. Il détacha encore de l'armée qu'il avait avec lui dix mille fantassins et mille cavaliers pour Hannon auquel il laissa les bagages des hommes qui partaient avec lui. Et il renvoya dans leurs foyers autant d'hommes, car il voulait laisser derrière lui ces hommes eux-mêmes dans des dispositions bienveillantes et cherchait à faire entrevoir aux autres un espoir de retour dans leurs foyers, tant à ceux des Ibères qui faisaient campagne avec lui qu'à ceux qui restaient dans leurs foyers, afin qu'ils partent tous avec ardeur le jour où il aurait besoin de leur assistance. Prenant avec lui le reste de l'armée déchargée de ses bagages, il emmenait cinquante mille fantassins et quelque neuf mille cavaliers à travers les montagnes des Pyrénées avec pour objectif le passage du Rhône. Il avait une armée moins nombreuse que remarquablement efficace et entraînée par suite des combats qu'elle avait continuellement livrés en Ibérie.

Polybe, *Histoires*, 3, 35

Polybe calcule la distance que doit parcourir Hannibal pour atteindre Rome soit 1 600 km depuis Carthagène et ajoute…

Mais, s'il avait déjà parcouru presque la moitié de cette étendue pour la longueur, il lui restait à parcourir la partie la plus importante du trajet pour la difficulté.

Polybe, *Histoires*, 3, 39, 12

À Rome, au moment où l'ambassade revient de Carthage (après le 15 mars 218), on apprend qu'Hannibal est déjà en route et qu'il a même traversé le fameux fleuve de l'Èbre, son Rubicon.

neveu d'Hannibal et l'un de ses meilleurs lieutenants en Italie. Il est vaincu et capturé un an plus tard par Cn. Cornelius Scipio Caluus, l'oncle de l'Africain.

Les Romains s'organisent, répartissent leurs troupes et renforcent leurs positions. En Gaule cisalpine, les Boïens aidés des Insubres passent du côté des Carthaginois et assiègent la quatrième légion. À Rome, c'est la consternation.

Hannibal entreprenait donc de franchir les défilés des montagnes des Pyrénées, tout en redoutant vivement les Celtes à cause des positions naturellement fortifiées qu'offraient les lieux. Les Romains, au même moment, avaient écouté les ambassadeurs dépêchés à Carthage faire leur rapport sur ce qui s'était dit et avait été décrété là-bas. Comme la nouvelle était tombée qu'Hannibal avait passé le fleuve de l'Èbre avec son armée plus vite qu'ils ne s'y attendaient, ils décidèrent d'envoyer, avec des légions, Publius Cornelius en Ibérie et Tiberius Sempronius en Afrique. Pendant que ceux-ci s'occupaient de l'enrôlement des légions et des autres préparatifs, ils se hâtèrent de mener à son terme l'établissement des colonies qu'ils avaient auparavant décidé d'expédier en Gaule. Ils fortifièrent donc énergiquement les villes et invitèrent les colons à se rendre sur place dans les trente jours ; ceux-ci étaient au nombre de six mille environ dans chacune des deux villes. Ils fondèrent l'une en deçà du fleuve du Pô et l'appelèrent Plaisance, la seconde de l'autre côté et la nommèrent Crémone. Ces villes étaient déjà fondées, lorsque les Gaulois appelés Boïens, qui depuis longtemps tendaient en quelque sorte aux Romains le piège d'une amitié feinte, mais sans avoir trouvé jusque-là d'occasion, stimulés et rassurés par les émissaires d'Hannibal qui leur annonçaient l'arrivée des Carthaginois, se détachèrent des Romains, en leur abandonnant les otages qu'ils leur avaient livrés à l'issue de la dernière guerre (…). Faisant appel aux Insubres, dont ils partageaient la vieille colère, ils ravagèrent le territoire déjà cadastré par les Romains, poursuivirent les fugitifs jusqu'à Modène – qui est une colonie romaine – et en firent le siège.

Polybe, *Histoires*, 3, 40, 1-8

Après avoir franchi les Pyrénées, Hannibal s'approche du Rhône. Description palpitante de la traversée des troupes et surtout des éléphants face, sur l'autre rive, à des Barbares les épouvantant en les menaçant et en lançant leur cri de guerre. Publius Scipion, futur père de Scipion l'Africain et l'un des deux consuls de l'année 218 désigné pour porter la guerre en Espagne, tente d'intercepter l'ennemi. Il est stupéfait par sa rapidité d'approche.

Quand ils eurent préparé leurs entreprises respectives, les consuls romains appareillèrent à la belle saison, en vue des opérations projetées, Publius pour l'Ibérie avec soixante navires, Tiberius Sempronius pour l'Afrique avec cent soixante quinquérèmes. Grâce à quoi, celui-ci entreprit de faire la guerre en inspirant tant d'épouvante et fit de tels préparatifs à Lilybée, rassemblant toutes sortes de moyens et de tous côtés, que c'était comme s'il allait aussitôt débarquer devant Carthage même et en faire le siège. Publius, qui s'était transporté le long de la côte de Ligurie, atteignit, le cinquième jour après son départ de Pise, le territoire de Marseille. Il aborda à la première bouche du Rhône – celle qu'on appelle la bouche de Marseille – et fit débarquer ses troupes. Là il apprit qu'Hannibal passait déjà les montagnes des Pyrénées. Mais il croyait qu'il se trouvait encore loin, à cause des difficultés du terrain et du nombre des Celtes situés sur sa route. Or, contre toute attente, Hannibal, qui avait persuadé certains des Celtes à prix d'or et contraint les autres par la force, atteignit avec ses troupes le point de passage du Rhône, avec la mer de Sardaigne à sa droite. Publius, quand on lui eut clairement annoncé que les adversaires étaient arrivés, n'y ajouta pas foi à cause de la rapidité de cette arrivée, mais voulut savoir exactement ce qu'il en était. Tandis qu'il faisait reposer ses troupes à la suite de leur périple et tenait lui-même conseil avec ses tribuns afin de déterminer quel terrain il fallait utiliser en vue de se mesurer avec les adversaires, il dépêcha trois cents de ses cavaliers les plus braves, leur donnant à la fois pour guides et pour auxiliaires des Celtes qui se trouvaient à la solde des Marseillais.

Hannibal, dès qu'il atteignit les abords du fleuve, entreprit d'en faire la traversée, là où il n'a qu'un lit, à environ quatre jours de marche de la mer pour une armée. Il se concilia l'amitié des riverains du fleuve par toutes sortes de moyens et leur acheta toutes leurs pirogues et tous leurs bateaux, qu'ils avaient en nombre important, parce que beaucoup de riverains du Rhône font de l'importation à partir de la mer. Il reçut aussi d'eux le bois approprié à la confection des pirogues et, en deux jours, on en tira un nombre incalculable d'embarcations, chacun s'efforçant de ne plus compter sur le voisin, mais de placer en lui seul son espoir de passage. À ce moment, sur l'autre rive, une multitude de Barbares se rassemblèrent pour empêcher le passage des Carthaginois. Quand il les vit, Hannibal calcula que, par suite des circonstances présentes, il ne lui était possible ni de forcer le passage – si nombreux étaient les ennemis postés là –, ni de rester sur place et de courir le risque d'être assailli de tous côtés par les adversaires. La troisième nuit survenant, il dépêcha une partie de son armée, lui donnant pour guides des indigènes et mettant à sa tête Hannon, fils du suffète Bomilcar. Ces hommes marchèrent le long du fleuve en remontant son cours sur deux cents stades[2], arrivèrent à un endroit où, en fait, le fleuve se divise en deux bras qui enlacent une terre formant une île, et s'y arrêtèrent. Tirant de la forêt voisine des pièces de bois et assemblant, les unes avec des chevilles, les autres avec des liens, ils eurent en peu de temps construit des radeaux en nombre suffisant pour leurs besoins présents. Ils traversèrent là-dessus en toute sécurité, sans en être empêchés par personne. Ils occupèrent

2. 35,5 km.

une position naturellement forte et y passèrent la journée pour se reposer de leurs dernières épreuves et, en même temps, se préparer aux prochaines opérations, suivant les consignes reçues. Par ailleurs, Hannibal agissait de même pour les troupes demeurées avec lui. Mais ce qui lui causait le plus d'embarras, c'était le passage des éléphants ; or ceux-ci étaient au nombre de trente-sept.

Néanmoins, la cinquième nuit, ceux qui avaient passé le fleuve en amont se mirent en route sur l'autre rive, un peu avant l'aube, et avancèrent le long du fleuve à la rencontre des Barbares postés sur cette rive. Hannibal, qui tenait ses soldats prêts, attendait le moment de passer le fleuve : il avait rempli les bateaux de ses cavaliers peltophores[3] et les pirogues de ses fantassins les plus mobiles. Les bateaux étaient rangés en amont, en travers du courant, et les embarcations légères en dessous de celles-ci ; ainsi, les bateaux supportant la plus grande partie de la force du courant, la traversée du cours d'eau était plus sûre pour les pirogues. On avait eu l'idée de remorquer, de la poupe des bateaux, les chevaux en train de nager. Un seul homme, de chaque côté de la poupe, en guidait trois ou quatre à la fois au moyen de leurs longes, de telle sorte qu'un nombre important de chevaux furent ainsi transportés dès le premier passage.

Mais les Barbares, constatant ce qu'entreprenaient les adversaires, se répandirent hors de leur retranchement en désordre, çà et là, persuadés qu'ils empêcheraient facilement le débarquement des Carthaginois. Hannibal, dès qu'il s'aperçut que les soldats qu'il avait détachés approchaient déjà sur l'autre rive – ceux-ci signalant leur arrivée par de la fumée, suivant les consignes reçues – fit passer l'ordre à tous d'embarquer et en même temps à ceux qui commandaient les embarcations de se frayer de force

---

3. Ils portaient le petit bouclier rond, ovale et plat, d'origine thrace, en osier ou en bois, recouvert d'abord de cuir puis de métal.

un passage en travers du courant. Cela fut vite fait. Ceux qui étaient sur les bateaux rivalisaient entre eux avec des cris et luttaient contre la violence du fleuve, tandis que les deux armées se tenaient de chaque côté, sur les bords du fleuve, les Carthaginois s'associant aux efforts des leurs qu'ils accompagnaient avec des cris, les Barbares en face chantant leur hymne de guerre et provoquant au combat : ce qui se passait frappait d'épouvante et inspirait l'inquiétude. À ce moment, les Barbares avaient déjà quitté leurs baraques, quand soudain tombèrent sur eux contre toute attente les Carthaginois de l'autre rive, dont certains mirent le feu au camp et la plupart se précipitèrent sur ceux qui surveillaient le passage. Les Barbares étaient surpris par le caractère imprévu de la manœuvre : les uns se portaient au secours de leurs baraques, tandis que les autres combattaient énergiquement pour repousser les assaillants. Hannibal, comme les choses se déroulaient conformément à ses plans, regroupait ses hommes, dès qu'ils débarquaient, les exhortait et les mesurait aux Barbares. Les Celtes, à cause de leur désordre et du caractère inattendu de l'événement, firent vite demi-tour et prirent la fuite.

Le général carthaginois, qui s'était rendu maître à la fois du passage et des adversaires, s'occupa tout de suite du transport des hommes qu'il avait laissés sur l'autre rive. Il eut en peu de temps fait passer toutes ses troupes, puis il établit cette nuit-là son camp au bord même du fleuve. Le lendemain, apprenant que la flotte romaine avait mouillé aux bouches du fleuve, il désigna cinq cents cavaliers numides qu'il envoya reconnaître où se trouvaient les ennemis, combien ils étaient et ce qu'ils faisaient ; et, en même temps, pour faire passer les éléphants, il désigna ceux qui avaient les compétences requises.

Polybe, *Histoires*, 3, 41, 2 - 44, 4

Le grand chef Hannibal passe, avec les roitelets celtes, des accords d'assistance et d'aide à la guerre contre les Romains puis rassure ses troupes. Qu'ils s'en remettent à lui !

De son côté, il réunit ses troupes et introduisit devant elles Magilos et une délégation de roitelets – ceux-ci étaient venus des plaines du Pô à ses devants – et il faisait expliquer à la troupe par un interprète ce qui avait été décrété par eux. Des propos qui furent alors tenus, les plus efficaces pour donner du courage à la troupe étaient les suivants : en premier lieu, l'arrivée en personne de ceux qui sollicitaient leur assistance et promettaient de participer à la guerre contre les Romains ; en second lieu, leur promesse digne de foi de les guider à travers des contrées telles qu'il ne leur manquerait rien du nécessaire, dans une marche à la fois brève et sûre vers l'Italie ; à cela s'ajoutaient la fertilité du territoire dans lequel ils se rendraient, son étendue et en outre l'ardeur des hommes avec qui ils devaient lutter contre les armées romaines. Quand ils eurent tenu ces propos, les Celtes se retirèrent. Après eux, Hannibal intervint à son tour, rappelant d'abord à la troupe les opérations passées au cours desquelles, disait-il, ils avaient certes entrepris nombre d'exploits et de combats audacieux, mais n'avaient subi aucun revers pour s'être conformés à ses desseins et à ses conseils. À la suite de cela, il les exhortait à prendre courage, en considérant que la plus grande partie de leurs tâches se trouvaient achevées, puisqu'ils s'étaient rendus maîtres du point de passage du fleuve et qu'ils étaient eux-mêmes témoins du dévouement et de l'ardeur des alliés. C'est pourquoi, il voulait qu'ils ne s'inquiètent pas du détail des opérations, étant donné qu'elles lui incombaient personnellement, mais qu'ils obéissent à ses ordres et qu'ils se montrent des hommes braves et dignes de leurs exploits passés. La troupe manifesta son approbation en un grand mouvement d'enthousiasme ; il pria les dieux en faveur de tous ses hommes et les congédia en leur recommandant de prendre soin d'eux-mêmes et de se préparer en toute hâte, car on lèverait le camp le lendemain.

Polybe, *Histoires*, 3, 44, 5-13

Premier accrochage de cavalerie. Il faut faire passer en toute hâte les éléphants qui sont restés sur l'autre rive. Description très précise de la délicate traversée.

L'assemblée s'était dispersée, lorsque revinrent les Numides qui avaient été préalablement envoyés en reconnaissance. Ils avaient perdu la plus grande partie des leurs et les survivants s'étaient enfuis en désordre. En effet, non loin de leur propre camp, ils étaient tombés sur les cavaliers romains envoyés par Publius pour la même mission. Les uns et les autres avaient tellement rivalisé d'héroïsme au cours de la mêlée que près de cent quarante cavaliers romains et celtes avaient été tués et plus de deux cents cavaliers numides.

Les Romains, au cours de leur poursuite, s'approchèrent du retranchement carthaginois qu'ils reconnurent, puis, faisant demi-tour, ils s'en revinrent précipitamment informer leur général de l'arrivée des ennemis ; quand ils furent de retour dans leur camp, ils le mirent au courant. Publius chargea tout de suite les bagages sur les navires et leva le camp avec toute son armée ; il avançait le long du fleuve, impatient d'engager le combat.

Le lendemain de l'assemblée, dès l'aube, Hannibal plaça en avant tous ses cavaliers, tournés vers la mer, en position de couverture, tandis qu'il faisait sortir du retranchement et mettre en route son armée de fantassins. Pour sa part, il attendait les éléphants et les hommes qu'il avait laissés en arrière avec eux. Voici comment s'effectua le transport des bêtes.

Les Carthaginois confectionnèrent plusieurs radeaux très solides, en accouplèrent deux qu'ils appuyèrent fortement contre la terre ferme au point d'embarquement du fleuve – à eux deux, ils avaient une largeur d'environ cinquante pieds[4]. Assujettissant à ceux-ci d'autres radeaux qu'ils arrimaient à l'extrémité, ils poursuivaient la réalisation de l'assemblage plus avant dans le cours d'eau. Ils assuraient la sécurité du côté exposé au courant par des cordages tendus à partir de la terre ferme et attachés aux arbres qui avaient poussé au bord, pour que l'ensemble de l'ouvrage résistât et ne fût pas emporté au fil du fleuve. Quand ils eurent donné à l'assemblage jeté en avant une longueur d'à peu près deux plèthres[5] en tout, après cela, aux derniers radeaux, ils en ajoutèrent deux autres, les plus grands, confectionnés avec un soin extrême, fortement liés entre eux, mais liés aux autres de manière que les liens fussent faciles à couper. Ils y attachèrent plusieurs câbles grâce auxquels les bateaux qui les remorquaient devaient les empêcher d'être emportés au fil du fleuve et, en les retenant avec force contre le courant, permettre de transporter et de faire passer les bêtes embarquées dessus. Après cela, ils apportèrent beaucoup de remblai sur tous les radeaux, jusqu'à ce qu'ils eussent, en l'y étalant, imité, avec une couche de même niveau et de teinte identique, le chemin qui, sur la terre ferme, menait au point de passage. Les éléphants ont l'habitude de toujours écouter docilement leurs cornacs, jusqu'à ce que l'élément humide se présente : s'il s'agit d'entrer dans l'eau, ils n'osent plus en aucune manière avancer. Ils les conduisaient donc par la jetée, en mettant deux femelles devant eux, car les éléphants les suivent docilement. Lorsque ceux-ci eurent pris place sur les derniers radeaux, ils coupèrent les liens qui les amarraient aux autres, tirèrent sur les câbles à l'aide des bateaux et eurent vite fait d'entraîner loin de la jetée à la fois les bêtes et les radeaux sous les bêtes. Cela fait, au

4. 1,60 m.
5. 60 m.

début, les animaux troublés tournaient sur eux-mêmes et s'élançaient en tous sens ; mais entourés par le courant de toutes parts, ils étaient saisis de crainte et contraints de rester en place. Ce fut de cette manière, avec deux radeaux toujours arrimés l'un à l'autre, que la plupart des bêtes, embarquées dessus, furent transportées. Mais quelques-unes, à mi-parcours, se jetèrent par peur dans le fleuve ; il en résulta que leurs cornacs périrent tous, tandis que les éléphants furent sauvés. En effet, grâce à la puissance et à la longueur de leurs trompes qu'ils levaient au-dessus de l'élément humide, ils continuaient à respirer et soufflaient en même temps toute l'eau qui pénétrait dans leur bouche ; ils tinrent contre le courant, faisant la plus grande partie du chemin debout sous l'eau.

Quand les bêtes furent passées, Hannibal, prenant les éléphants et les cavaliers, les rangea à l'arrière-garde, en couverture, et avança le long du fleuve[6], de la mer vers l'est, faisant route en direction du centre de l'Europe.

Le Rhône prend ses sources au-dessus du fond du golfe Adriatique ; elles sont orientées vers l'ouest, sur les pentes des Alpes qui s'inclinent vers le nord. Il coule vers le sud-ouest et se jette dans la mer de Sardaigne. Sur une grande partie de son cours, il roule à travers une vallée habitée au nord par les Celtes Ardyens, mais bordée sur tout son flanc sud par les contreforts des Alpes inclinés vers le nord. Les plaines du Pô sont séparées de la vallée du Rhône par les sommets des montagnes, qui commencent à Marseille et se terminent au fond de l'ensemble du golfe Adriatique. Hannibal franchit alors ceux-ci, quittant le bassin du Rhône pour envahir l'Italie.

Polybe, *Histoires*, 3, 45 - 47,5

6. Le passage est intéressant si l'on veut dresser la carte de l'Europe telle que la concevaient les contemporains de l'auteur : le Rhône coule du nord-est vers le sud-ouest.

LA TRAVERSÉE DES ALPES

Hiver 218

Polybe pique une colère contre les historiens qui ont raconté n'importe quoi sur cette traversée en prenant Hannibal pour un inconscient aidé des dieux. Rien de tout cela. Et Polybe avoue même être allé sur place pour vérifier les lieux plus de soixante ans après les événements.

*En lisant ce passage, on pense à la version de Pétrone (*Satiricon*, 122-124) du passage des Alpes par César en 50 av. J.-C. avant sa traversée du Rubicon.*

Quelques-uns de ceux qui ont écrit sur ce passage des Alpes, voulant frapper d'étonnement leurs lecteurs par la relation de merveilles relatives à ces contrées, tombent à leur insu dans les deux défauts les plus étrangers à l'histoire : ils sont obligés de mentir et de se contredire eux-mêmes dans leurs écrits. Tantôt, en effet, ils nous mettent Hannibal en scène comme un général inimitable et par son audace et par sa prévoyance, mais nous le montrent agissant incontestablement de la manière la plus déraisonnable, tantôt, ne pouvant trouver ni dénouement ni issue à leurs mensonges, ils font entrer en scène des dieux et des enfants de dieux dans une histoire pragmatique. Ils nous représentent les montagnes des Alpes comme tellement inaccessibles et escarpées qu'elles ne sauraient être facilement franchies non seulement par des chevaux, par des armées et, avec cela, par des éléphants, mais même par des fantassins légers ; et, de la même manière, ils nous décrivent les lieux comme tellement déserts que, si quelque dieu ou quelque héros ne s'était rencontré pour montrer la route à Hannibal et à ses hommes, ils se seraient égarés et auraient tous péri ; par suite de cela, ils tombent incontestablement dans chacun des deux défauts déjà cités.

D'abord quel général paraîtrait plus déraisonnable, quel chef également plus incompétent qu'Hannibal, lui qui, à la tête de troupes si importantes sur lesquelles il fondait les plus grands espoirs de réussir l'ensemble de ses desseins, ne connaissait ni les routes ni les lieux – d'après ce que ceux-là prétendent –, et ne savait pas le moins du monde où il marchait ni contre qui, et enfin s'il n'entreprenait pas des opérations absolument impossibles ?

Ce que les chefs qui ont essuyé une défaite écrasante et qui ne trouvent aucun moyen de s'en tirer ne supportent pas, à savoir s'aventurer avec une armée en des lieux inexplorés, les historiens l'imputent à Hannibal, lui qui conservait les plus grands espoirs pour ses propres opérations. De la même manière, le caractère désert et en outre inaccessible et difficile des lieux rend manifeste leur mensonge. Ils n'ont pas cherché à savoir que, en fait, les Celtes habitant le long du fleuve du Rhône ont franchi les Alpes non pas seulement une fois ni même deux, avant l'arrivée d'Hannibal, non certes anciennement, mais récemment et avec de grandes armées ; qu'ils avaient livré des batailles rangées aux Romains et lutté aux côtés des Celtes qui habitent les plaines du Pô. Outre cela, ils ne savent pas que, en fait, une population très nombreuse habite les Alpes mêmes et, ils prétendent qu'un héros est apparu pour montrer la route aux Carthaginois. Par suite de quoi, ils tombent naturellement dans un travers comparable à celui des auteurs tragiques, lesquels ont tous besoin pour les dénouements de leurs drames d'un *deus ex machina*, parce qu'ils choisissent des situations initiales qui sont mensongères et invraisemblables. Les historiens, nécessairement, éprouvent des difficultés comparables et font apparaître des héros et des dieux, chaque fois qu'ils prennent comme point de départ des faits incroyables et mensongers. Comment donc serait-il possible de donner à des récits dont le point de départ est invraisemblable une fin raisonnable ? Hannibal, d'ailleurs, mena ses entreprises non pas comme ceux-là prétendent, mais, eu égard au passage des Alpes, avec beaucoup d'habileté. De fait, il s'était renseigné avec précision sur la richesse de la contrée dans laquelle il avait entrepris de s'aventurer, sur l'hostilité de la population aux Romains ; et, pour les difficultés du terrain, il avait recours à des éclaireurs et des guides indigènes qui devaient partager les mêmes espoirs que lui.

Pour nous, si nous nous exprimons là-dessus avec assurance, c'est pour avoir enquêté sur les opérations auprès de ceux-là mêmes qui s'étaient trouvés mêlés aux événements, pour avoir nous-même reconnu les lieux et fait route à travers les Alpes afin d'en acquérir la connaissance et d'en contempler le spectacle.

Polybe, *Histoires*, 3, 47,6 - 48

Pendant ce temps, Scipion, toujours aussi étonné par la course d'Hannibal, rebrousse chemin en bateau en longeant la côte vers l'est pour tenter de prendre de vitesse l'ennemi et de l'intercepter dans la plaine du Pô.

Néanmoins, Publius, le général romain, parvint au point de passage du fleuve trois jours après que les Carthaginois eurent levé le camp. Quand il découvrit que les adversaires étaient déjà partis, il fut étonné autant qu'il est possible de l'être, car il croyait qu'ils n'oseraient jamais faire route vers l'Italie de ce côté, à cause de la multitude et de la perfidie des Barbares qui habitent ces lieux. Constatant leur audace, il retourna précipitamment vers ses navires et, quand il y fut parvenu, embarqua ses troupes. Il envoya son frère[1] diriger les opérations d'Ibérie, tandis que lui-même, faisant demi-tour, regagnait par mer l'Italie, puis se hâtait de traverser

---

1. Il s'agit de Cn. Cornelius Scipio Caluus, oncle de l'Africain.

l'Étrurie pour prendre les adversaires de vitesse, tandis qu'ils passaient les Alpes.

Hannibal marcha quatre jours de suite à partir du point de passage du Rhône et arriva à ce qu'on appelle l'Île, une contrée fort peuplée et productrice de blé, qui tire sa dénomination de sa position même, à un confluent. En effet, le Rhône d'une part, la rivière nommée Isère d'autre part, coulant de chaque côté, lui donnent une forme anguleuse à leur confluent. Elle est comparable pour l'étendue et pour la forme à ce qui en Égypte est appelé le Delta, à cette exception près que la mer délimite l'un des côtés du Delta, celui qui joint les bouches des fleuves, tandis que l'Île est délimitée par des montagnes difficiles à approcher et à gravir et, pour ainsi dire, presque inaccessibles.

Arrivé dans cette île, il y trouva deux frères qui se disputaient la royauté et qui campaient face à face avec des armées. Comme l'aîné le sollicitait et l'exhortait à agir avec lui et à l'aider à prendre le pouvoir, il l'écouta, étant donné, pour ainsi dire, l'évidence du profit qu'il en tirerait dans la conjoncture présente. C'est pourquoi, il attaqua et chassa avec lui le second, obtenant alors du vainqueur une aide considérable. Celui-ci non seulement fournit abondamment l'armée d'Hannibal en grain et autres vivres, mais encore, changeant toutes les armes qui étaient vieilles et usées, renouvela opportunément les forces de toute cette armée, et, en outre, habillant la plupart des troupes de vêtements et, en plus de cela, de chaussures, il procura de grandes facilités pour le passage des montagnes. Mais, chose la plus importante, comme les Carthaginois abordaient avec circonspection la traversée du territoire des Gaulois appelés Allobroges, il se rangea à l'arrière-garde, en couverture, avec sa propre armée, assurant la sécurité de leur route, jusqu'au moment où ils approchèrent du passage des Alpes.

Polybe, *Histoires*, 3, 49

Hiver 218, Hannibal s'engage dans les Alpes. Les Gaulois de la région, les Allobroges, l'attaquent. Les Carthaginois se trouvent en mauvaise posture...

Hannibal parcourut en dix jours, le long du fleuve, dans les huit cents stades[2], puis il commença l'ascension des Alpes et, en fait, tomba dans de très grands dangers. Tant que les Carthaginois étaient dans les plaines, tous les chefs locaux des Allobroges s'abstenaient de les attaquer par crainte des cavaliers, d'une part, et des Barbares qui les escortaient, d'autre part ; mais, dès que ceux-ci s'en furent retournés chez eux et qu'Hannibal eut commencé à s'avancer dans les passages difficiles, alors les chefs allobroges, rassemblant une troupe assez nombreuse, s'emparèrent par avance des positions favorables, par où Hannibal devait, de toute nécessité, faire son ascension. S'ils avaient réussi à dissimuler leurs intentions, ils auraient anéanti l'armée carthaginoise dans sa totalité ; mais ils se trahirent, causant de grands dommages à Hannibal, mais aussi à eux-mêmes. En effet, le général carthaginois, informé que les Barbares occupaient par avance les positions favorables, établit son camp au pied des monts et y demeura lui-même, tandis qu'il envoyait en avant quelques-uns des Gaulois qui les guidaient, pour reconnaître les intentions des adversaires, ainsi que l'ensemble de leur dispositif. Ils exécutèrent la consigne et le général apprit que les ennemis, le jour, avaient soin de bien rester à leurs postes et de garder les positions, mais que, la nuit, ils s'en retournaient dans une bourgade voisine. Hannibal, se réglant sur ce dispositif, organisa la manœuvre suivante : prenant son armée avec lui, il s'avança ouvertement, s'approcha des passages difficiles et installa son camp non loin des ennemis ; quand la nuit fut survenue, il donna la consigne d'allumer les feux, laissa la plus grande

2. 144 km.

partie de son armée sur place et, avec les hommes les plus aptes, qu'il avait fait équiper à la légère, il franchit de nuit les défilés ; il occupa les positions dont les ennemis s'étaient emparés par avance, alors que les Barbares s'étaient retirés dans la bourgade, selon leur habitude.

Quand le jour fut survenu, les Barbares, constatant ce qui s'était passé, renoncèrent d'abord à leur entreprise ; mais, après cela, considérant la multitude des bêtes de somme et des cavaliers dont la colonne cheminait avec difficulté et s'étirait en longueur dans les passages difficiles, ils furent poussés par les circonstances à l'attaquer. Comme les Barbares tombaient de plusieurs côtés sur eux, les Carthaginois, subirent beaucoup de pertes, principalement en chevaux et en bêtes de somme. La piste était, en effet, non seulement étroite et rocailleuse, mais aussi escarpée, au point que la moindre bousculade, le moindre désordre précipitaient dans le vide beaucoup de bêtes avec leurs charges. Mais ce qui provoquait un tel désordre, c'étaient principalement les chevaux blessés : lorsqu'ils étaient pris de panique par suite des chocs qu'ils subissaient, les uns faisaient volte-face et tombaient sur les bêtes de somme, les autres se ruaient en avant et renversaient tout ce qui se présentait devant eux dans les passages difficiles. Voyant cela et calculant qu'il n'y avait aucune chance de salut, même pour ceux qui échap-peraient au péril, si les bagages étaient perdus, Hannibal prit avec lui ceux qui, la nuit, avaient occupé par avance les crêtes et vola au secours de ceux qui marchaient devant. Il périt beaucoup d'ennemis – Hannibal, en effet, attaquait à partir de positions dominantes –, mais il en périt aussi parmi ses propres hommes, le trouble dans la colonne étant augmenté, tant à l'avant qu'à l'arrière, par la clameur et la mêlée des combattants. Mais, lorsqu'il eut tué la plupart des Allobroges et fait rebrousser chemin aux survivants, qu'il contraignit à se réfugier chez eux, alors la multitude des bêtes de somme et des chevaux qui lui restaient encore acheva avec peine et dans la souffrance de franchir les passages difficiles. Et, rassemblant le plus grand nombre possible d'hommes à l'issue de ce combat, il se jeta lui-même sur la bourgade d'où les ennemis avaient lancé leur offensive. La trouvant presque déserte, car tous les habitants, poussés par l'appât du butin, l'avaient quittée, il se rendit maître de la place. Il retira de cette opération de nombreux avantages, tant pour le présent que pour l'avenir. Tout de suite, il ramena une multitude de chevaux et de bêtes de somme, ainsi que ses hommes qui avaient été capturés en même temps qu'eux ; quant à l'avenir, il eut une abondance de grain et de bétail, pour deux ou trois jours ; mais l'essentiel fut qu'il inspira de la terreur aux peuples voisins, au point que nul de ceux qui étaient situés le long de la montée n'oserait facilement l'attaquer.

Polybe, *Histoires*, 3, 50-51

Quatrième jour. D'autres Barbares menacent la progression des troupes. Image maintes fois représentée des rochers s'écrasant sur les Carthaginois coincés dans un étroit défilé.

Dressant alors son camp sur place, il y resta une journée, avant de repartir. Les jours suivants, il fit avancer son armée dans une sécurité relative ; mais, le quatrième jour, il se retrouva dans de grands dangers. Ceux qui habitaient aux abords de la route, combinant une ruse, vinrent à sa rencontre avec des rameaux et des couronnes – ce qui est, chez presque tous les Barbares, symbole d'amitié, comme le caducée chez les Grecs. Hannibal, qui restait circonspect devant une telle démonstration de bonne foi, examina très soigneusement leurs intentions, ainsi que l'ensemble de leur entreprise. Ils déclarèrent qu'ils savaient bien la prise de la bourgade et la perte de ceux qui avaient entrepris de lui faire du tort ; et ils lui expliquèrent qu'ils étaient venus pour cela : ils ne voulaient ni causer ni subir aucun dommage et ils promettaient même de lui livrer des otages choisis parmi eux. Longtemps, Hannibal hésita et se méfia de ce qu'ils disaient, mais, calculant que, s'il acceptait leurs propositions, il rendrait peut-être plus circonspects et plus traitables ceux qui étaient venus à lui, tandis que, s'il n'acceptait pas, il trouverait en eux des ennemis déclarés, il agréa donc leurs offres et feignit de se lier d'amitié avec eux. Les Barbares lui donnant les otages, le fournissant abondamment en bétail, bref, se livrant eux-mêmes entre ses mains sans prendre la moindre précaution, Hannibal, avec les siens, leur fit quelque confiance, au point d'en utiliser comme guides pour les passages difficiles qui venaient ensuite.

Ils marchaient devant depuis deux jours, lorsque les Barbares se rassemblèrent, puis se mirent à suivre Hannibal et les siens qu'ils assaillirent, tandis qu'ils traversaient une gorge où la marche était difficile et dont les parois étaient escarpées.

Dans ces circonstances, Hannibal et les siens eussent, en fait, tous péri jusqu'au dernier, si, éprouvant encore quelque crainte et prévoyant ce qui allait arriver, il n'avait maintenu les bagages et les cavaliers à l'avant-garde, les fantassins lourds à l'arrière-garde. Grâce à ces troupes de couverture, le désastre fut, en fait, moins grand, car ce furent elles qui soutinrent le choc des Barbares. Néanmoins, malgré cela, un grand nombre d'hommes, de bêtes de somme et de chevaux furent anéantis. Les Barbares ennemis, occupant les positions dominantes, avançaient parallèlement sur les flancs de la montagne ; ils faisaient rouler des rochers sur les uns, lançaient des pierres à la main sur les autres, jetant ainsi les Carthaginois dans une confusion et un péril extrêmes ; c'est pourquoi, Hannibal fut contraint de passer la nuit, avec la moitié de son armée, appuyé contre une roche à nu, dont la position était forte ; il s'était séparé de ses chevaux et de ses bêtes de somme, qu'il couvrit ainsi jusqu'à ce que leur colonne, qui cheminait avec peine, fût sortie du ravin – ce qui prit toute la nuit.

Le lendemain, comme les ennemis s'étaient écartés, Hannibal rejoignit les cavaliers et les bêtes de somme et avança vers les cols les plus élevés des Alpes, ne rencontrant plus aucune unité de Barbares au complet et n'étant plus inquiété par eux que çà et là, dans des combats partiels : tombant à bon escient sur la colonne, les uns à l'arrière-garde, les autres à l'avant-garde, ils enlevaient quelques bagages. Les éléphants furent pour Hannibal d'une très grande utilité, car à l'endroit de la colonne où ils se trouvaient, de ce côté, les ennemis n'osaient pas attaquer, frappés d'effroi par l'aspect étrange de ces animaux.

Polybe, *Histoires*, 3, 52 - 53,8

Neuvième jour. C'est au tour du froid et de la neige d'agresser les hommes et les bêtes. Hannibal remonte le moral de ses troupes en leur faisant contempler du haut des cols un superbe panorama, la plaine du Pô qui s'étend à leurs pieds et qui n'attend qu'à être pillée.

Une descente dangereuse est entamée. Comble de malheur, le chemin est obstrué par un éboulement. Le découragement est à son comble.

Le neuvième jour, il parvint aux cols, où il établit son camp et demeura deux jours, voulant d'une part laisser reposer les rescapés et d'autre part attendre les traînards. À cette occasion, il se trouva que beaucoup de chevaux qui avaient été effarouchés et beaucoup de bêtes qui avaient perdu leur charge revinrent contre toute attente, en suivant l'armée à la trace, et rejoignirent le camp.

La neige s'amassait déjà sur les sommets, car on approchait du coucher des Pléiades[3]. Constatant que la troupe était découragée à la fois à cause de ses souffrances passées et à cause de celles qui étaient encore attendues, Hannibal

---

3. Fin octobre, début novembre.

la rassembla et s'efforça de l'exhorter, en profitant de sa seule ressource pour cela, à savoir la vue claire et nette de l'Italie, laquelle est située au pied de ces montagnes, de telle sorte que, si on contemple les deux, les Alpes paraissent être disposées comme une acropole pour l'ensemble de l'Italie. C'est pourquoi, leur indiquant les plaines du Pô et leur rappelant, en bref, le dévouement des Gaulois qui les habitaient, leur désignant en même temps l'emplacement de Rome elle-même, il redonna quelque courage à ses hommes.

Le lendemain, levant le camp, il amorça la descente. Il n'y rencontra plus d'ennemis, excepté des brigands embusqués, mais, du fait de la pente et de la neige, il ne perdit pas beaucoup moins d'hommes qu'il n'en avait péri à la montée. La descente étant étroite et raide, et la neige rendant invisible pour chacun le chemin, tout ce qui faisait un pas hors de la route et glissait était précipité des escarpements. Néanmoins, ils supportaient ces souffrances en hommes habitués désormais à de tels maux. Mais, dès lors qu'ils parvinrent en un endroit tel qu'il n'était possible ni aux éléphants ni aux bêtes de somme de le franchir à cause de l'étroitesse de la piste sur une longueur de presque trois demi-stades[4]– la paroi rocheuse, qui s'était déjà éboulée dans le passé, venait alors de s'ébouler beaucoup plus encore – là, de nouveau, la troupe sombra dans le découragement et l'inquiétude. Le général carthaginois entreprit d'abord de contourner le passage difficile ; mais une chute de neige survint, qui rendit impossible cette voie aussi, au point qu'il renonça à son entreprise.

Ce qui se produisait était particulier et insolite. Sur la neige antérieure, persistant depuis l'hiver précédent, celle de l'année venait de tomber, laquelle, en fait, était facile à entamer, parce que récente et donc molle et parce

4. 270 m.

qu'encore peu profonde. Lorsque, piétinant cette couche, les Carthaginois marchaient sur celle du dessous, qui était congelée, ils n'entamaient plus la neige, mais ils patinaient, glissant des deux pieds en même temps, ainsi qu'il arrive à ceux qui marchent sur un sol recouvert de boue. Ce qui s'ensuivait était encore plus fâcheux. Les hommes ne pouvaient entamer la neige du dessous lorsque, tombés, ils voulaient prendre appui sur les genoux ou sur les mains pour se redresser ; alors ils patinaient encore plus sur tous leurs points d'appui à la fois, la pente étant très raide. Mais lorsque les bêtes tombaient, elles entamaient la neige du dessous en se relevant et, une fois qu'elles l'avaient entamée, elles demeuraient immobiles avec leur charge, comme prises par la glace, tant à cause du poids que de la congélation de la neige antérieure.

Alors, renonçant à un tel espoir, Hannibal établit son camp sur la crête de la montagne, en faisant au préalable déblayer la neige qui s'y trouvait. Après cela, il emmena la troupe rouvrir la voie le long des escarpements, au prix de beaucoup de souffrances. On fit en une seule journée un passage suffisant pour les bêtes de somme et les chevaux ; c'est pourquoi, il les fit aussitôt traverser, installa son camp en dessous, dans la zone jusque-là épargnée par la neige, et laissa les animaux aller au pâturage. Il envoya les Numides, par équipes de travail qui se relayaient, élargir la voie ; et, avec peine, au bout de trois jours de rude labeur, il fit traverser les éléphants, qui se trouvaient en mauvaise santé du fait de la faim ; car les sommets des Alpes et les environs des cols sont tous entièrement dépourvus de végétation et dénudés, étant donné que la neige y demeure continuellement, été comme hiver ; mais, à mi-hauteur, des deux côtés, les flancs de la montagne portent des forêts et des herbages, et sont habitables dans leur ensemble.

Polybe, *Histoires*, 3, 53, 9 - 55

Quinzième jour. Une armée appauvrie et épuisée atteint enfin les plaines. Depuis le départ d'Espagne, les effectifs se sont réduits de trois sur cinq pour les fantassins et du tiers des cavaliers. Et ces chiffres nous viennent directement d'Hannibal.

Hannibal, concentrant toute son armée, poursuivit la descente et, le troisième jour suivant son départ des escarpements, il arriva au terme et atteignit les plaines. Il avait perdu beaucoup de soldats, du fait des ennemis autant que des fleuves, au cours de l'ensemble du trajet, beaucoup du fait des passages escarpés et difficiles dans les Alpes, perdu non seulement des hommes, mais en outre, en plus grand nombre, des chevaux et des bêtes de somme. Enfin, après avoir accompli le trajet tout entier, à partir de Carthagène, en cinq mois et le franchissement des Alpes en quinze jours, il descendit avec audace dans les plaines du Pô et chez le peuple des Insubres. Il avait avec lui la partie survivante de son armée d'Africains – douze mille fantassins – et de son armée d'Ibères – dans les huit mille –, et ses cavaliers, qui n'étaient pas plus de six mille en tout, comme lui-même l'explique sur la stèle du cap Lacinion qui porte la liste de ses effectifs.

Au même moment, Publius, après avoir laissé ses troupes à son frère Cnaeus et l'avoir exhorté à s'attacher aux opérations d'Ibérie et à mener vigoureusement la guerre contre Asdrubal, débarqua lui-même à Pise avec peu d'hommes. Traversant l'Étrurie et recevant des préteurs les légions qui avaient été placées en première ligne pour faire la guerre aux Boïens, il arriva dans les plaines du Pô. Il établit son camp et attendit les ennemis, impatient de livrer bataille.

Polybe, *Histoires*, 3, 56

L'INVASION DE L'ITALIE

Arrivant dans la plaine fertile du Pô, Hannibal fait reposer ses hommes qui « ressemblaient tous à des bêtes sauvages, pour avoir subi, sans discontinuer, tant de tourments » et repart au combat en soumettant le peuple des Taurins. Scènes de massacre pour marquer les esprits de ceux qui oseraient s'attaquer à lui.

Après avoir pénétré en Italie, il installa son camp au pied même des pentes des Alpes et il commença par faire reposer ses troupes. En effet, non seulement son armée tout entière avait terriblement souffert par suite de l'ascension et de la descente, ainsi que de la rudesse du passage du col, mais encore elle quittait les Alpes mal en point par suite de la rareté des vivres et du manque de soins corporels. Beaucoup d'hommes étaient même complètement découragés à cause des privations et des tourments ininterrompus. En effet, on n'avait pas pu faire transiter par de tels endroits des provisions suffisantes pour tant de dizaines de milliers d'hommes, et celles qu'on transportait avaient encore disparu, pour la plus grande partie d'entre elles, avec la perte des bêtes de somme. C'est pourquoi, Hannibal, qui était parti du point de passage du Rhône avec dans les trente-huit mille fantassins et plus de huit mille cavaliers, avait perdu à peu près la moitié de son armée dans le passage des Alpes. En vérité, les rescapés, dans toute leur manière d'être et en particulier dans leur aspect, ressemblaient tous à des bêtes sauvages, pour avoir subi, sans discontinuer, tant de tourments. Hannibal pourvut donc largement à leurs soins et redonna du cœur en même temps que de la force aux hommes, et aux chevaux également.

Après cela, une fois son armée remise, comme les Taurins,
qui se trouvent habiter au pied des pentes, étaient en dissension avec les Insubres et se méfiaient des Carthaginois, il les
invita d'abord à contracter amitié et alliance avec lui ; mais,
comme ils n'écoutaient pas, il assiégea leur principale place
forte et, au bout de trois jours, la prit d'assaut. En faisant
égorger ses opposants, il inspira une telle frayeur aux Barbares
qui habitaient tout près qu'ils se présentèrent tous aussitôt
pour s'en remettre à sa bonne foi. Le reste des peuples celtes
qui habitaient les plaines cherchaient à embrasser la cause
carthaginoise, suivant leur intention initiale, mais, comme
les légions romaines avaient déjà débordé la plupart d'entre
eux et coupé leurs communications, ils restaient tranquilles.
Certains étaient même contraints de faire campagne aux
côtés des Romains. Voyant cela, Hannibal décida, sans plus
tarder, de pousser en avant et de faire quelque chose pour
encourager ceux qui voulaient partager les mêmes espoirs
que les Carthaginois.

Polybe, *Histoires*, 3, 60, 2-13

*De chaque côté, stupeur mutuelle devant l'audace des chefs et
leur rapidité à réagir. Pendant ce temps, Rome, terrorisée, rappelle
en renfort, à toute hâte, Tiberius et ses troupes qui s'apprêtaient à
embarquer pour l'Afrique.*

Hannibal avait formé ce projet, lorsqu'il apprit que Publius
avait déjà passé le Pô avec ses troupes et se trouvait tout près.
D'abord, il se méfia de ces premières nouvelles : il songeait,
en effet, que, peu de jours auparavant, il l'avait laissé au point
de passage du Rhône ; et il calculait combien la navigation de
Marseille jusqu'en Étrurie était longue et malaisée ; en outre,
il s'était renseigné et savait quelles étaient, pour des légions,
l'ampleur et la difficulté de la marche à travers l'Italie, de la mer
Tyrrhénienne jusqu'aux Alpes. Mais, comme s'ajoutaient à ces
nouvelles d'autres toujours plus nombreuses et plus certaines,

il s'étonnait et il demeurait frappé de stupeur devant l'ensemble de l'entreprise et l'exploit du consul. Or il se trouvait que Publius éprouvait des sentiments identiques, lui aussi. Au début, il avait espéré qu'Hannibal n'entreprendrait même pas sa marche à travers les Alpes avec des troupes étrangères ; et, s'il en avait quand même l'audace, il estimait que, de toute évidence, ce serait sa perte. C'est pourquoi, lorsque, au milieu de tels calculs, il fut informé qu'Hannibal était sain et sauf et qu'il prenait déjà d'assaut certaines villes d'Italie, il demeurait frappé de stupeur devant l'audace et la hardiesse de cet homme. Et il se trouvait qu'à Rome aussi on éprouvait les mêmes sentiments à propos de ce qui se produisait. Les derniers échos de la prise de Sagonte par les Carthaginois venaient tout juste de s'éteindre, les Romains avaient à peine délibéré pour riposter à cette agression, ils avaient à peine dépêché l'un des consuls en Afrique pour assiéger Carthage elle-même, l'autre en Ibérie pour y mener la guerre contre Hannibal, que cette nouvelle leur arrivait : Hannibal était là avec son armée et prenait déjà d'assaut certaines villes d'Italie. Ce qui se passait leur semblait tellement incroyable que, troublés, ils dépêchèrent tout de suite des messagers à Lilybée auprès de Tiberius, pour lui faire savoir l'arrivée des ennemis, lui demander de renoncer à ses projets et de secourir sa propre patrie de toute urgence. Tiberius rassembla sur-le-champ les hommes de sa flotte qu'il renvoya, en leur faisant passer l'ordre de se rendre par mer chez eux ; il fit prêter serment aux troupes d'infanterie, par l'entremise des tribuns, et leur fixa la date où elles devraient toutes se retrouver à Ariminum et y passer une nuit. C'est une ville située au bord de l'Adriatique, à l'extrémité sud des plaines du Pô. De tous les côtés, on faisait mouvement en même temps et les événements se produisaient d'une manière qui semblait à tous incroyable ; il y avait chez chacun, à propos de l'avenir, une attente qu'il n'était pas facile de traiter à la légère.

Polybe, *Histoires*, 3, 61

Les deux chefs haranguent leurs troupes, chacun à sa manière.
Pour Hannibal « le prix de la victoire, c'était de devenir les plus
heureux de tous les hommes par la conquête des richesses romai-
nes ». Pour Scipion, il fallait à tout prix défendre sa patrie et
être digne de ses ancêtres en parvenant à vaincre un envahisseur
qui était déjà leur « esclave » et qui osait « soutenir le regard du
peuple romain. ».

À ce moment, Hannibal et Publius, qui étaient déjà
tout près l'un de l'autre, entreprirent d'exhorter leurs forces armées respectives, chacun prononçant le discours qui
convenait aux circonstances présentes.

Hannibal se mit donc en devoir d'encourager ses hommes
par le moyen suivant. Réunissant la troupe, il introduisit
des jeunes gens choisis parmi les Barbares qu'il avait faits
prisonniers, alors qu'ils gênaient sa marche dans les passages difficiles des Alpes. Il les avait fait maltraiter pour les
préparer à ce qui allait se passer ; de fait, ils portaient de
lourdes chaînes, étaient pressés par la faim, avaient le corps
rompu de coups. Il les plaça au milieu de ses hommes, fit
déposer devant eux de ces armures gauloises dont leurs rois
ont coutume de s'équiper, chaque fois qu'ils doivent livrer
un combat singulier ; outre cela, il fit amener des chevaux
et apporter des sayons magnifiques[1]. Et ensuite il demanda
aux jeunes gens lesquels d'entre eux voulaient se battre en
duel aux conditions suivantes : le vainqueur recevrait les
prix exposés, le vaincu trouverait dans la perte de la vie la
délivrance des malheurs présents. Comme ils montraient
tous par une clameur poussée à l'unisson leur volonté de
livrer un combat singulier, il prescrivit de procéder à un
tirage au sort et ordonna que les deux qui seraient désignés
par le sort s'armeraient et combattraient l'un contre l'autre.
Dès qu'ils eurent entendu cela, les jeunes gens prièrent les

1. Sorte de cape faite d'une grande pièce de laine rude, dans
laquelle s'enveloppaient souvent les guerriers gaulois.

dieux en levant les mains au ciel, chacun cherchant à être lui-même au nombre de ceux que le sort aurait désignés. Lorsqu'on eut fait savoir le résultat du tirage au sort, ceux qui avaient été désignés furent au comble de la joie, mais pour les autres ce fut le contraire. Quand le combat fut terminé, les prisonniers restants estimaient le mort non moins heureux que le vainqueur, exempté qu'il était des nombreux et grands malheurs qu'eux-mêmes continuaient, pour le moment, de supporter. Les pensées étaient identiques chez la plupart des Carthaginois aussi. Par comparaison, en considérant les souffrances de ceux qu'on remmenait vivants, ils avaient pitié d'eux et jugeaient tous le mort heureux.

Quand il eut, au moyen de ce spectacle, insufflé dans l'esprit de ses troupes les dispositions voulues, Hannibal, s'avança en personne et déclara que c'était à cette fin qu'il avait introduit les prisonniers, pour que ses hommes, contemplant à la lumière des malheurs d'autrui ce qui risquait de leur advenir, délibèrent mieux sur leur situation présente. La Fortune les avait réduits à livrer un combat dans des conditions comparables et leur proposait des prix comparables à ceux de maintenant. Ils devaient, en effet, ou vaincre ou mourir ou tomber vivants aux mains des ennemis. Or le prix de la victoire, ce n'étaient pas des chevaux et des sayons, mais c'était de devenir les plus heureux de tous les hommes par la conquête des richesses romaines. Le prix d'une défaite au combat, c'était de quitter la vie, les armes à la main, en luttant jusqu'au dernier souffle, pour la plus belle des espérances, sans avoir éprouvé aucun malheur ; mais les vaincus qui, à cause de leur désir de vivre, supporteraient de s'enfuir ou qui choisiraient de survivre par quelque autre moyen, auraient en partage toutes sortes de malheurs et d'infortunes. Aucun d'entre eux, se remémorant la longueur du trajet parcouru à partir de leurs patries, se remémorant le nombre des ennemis rencontrés en cours de route, connaissant la grosseur des fleuves franchis, aucun n'était à ce point déraisonnable

ni lent d'esprit qu'il aurait jamais espéré revenir chez lui
par la fuite. C'est pourquoi, il leur demandait de renoncer
complètement à un tel espoir et de garder à propos de leur
propre situation les mêmes pensées qu'ils avaient tout à
l'heure à propos des malheurs d'autrui. Si, pour ce qui
était du sort de ces jeunes gens, tous estimaient heureux le
vainqueur et le mort, mais avaient pitié des vivants, alors
il leur demandait de juger identiquement de leur propre
situation, et de marcher tous au combat, avant tout pour
vaincre et, au cas où ce ne serait pas possible, pour mourir ;
mais il leur demandait de ne nourrir dans leur esprit en
aucune manière l'espoir de survivre à la défaite. S'ils faisaient
ces calculs et ces projets, la victoire et, en même temps, le
salut s'attacheraient de toute évidence à leur parti. En effet,
de tous ceux qui avaient fait de tels projets, par choix ou
par nécessité, nul n'avait jamais été déçu dans son espoir de
triompher des troupes adverses. Mais, chaque fois que, en
fait, les ennemis avaient un espoir contraire à celui-là – ce
qui était actuellement le cas pour les Romains – à savoir,
pour la plupart d'entre eux, trouver le salut dans la fuite, car
leur patrie était proche, ils ne sauraient évidemment résister
à l'audace de ceux qui n'avaient pas cet espoir. La plupart
des hommes approuvèrent l'exemple et le discours, et en
conçurent l'élan et la fermeté que l'orateur s'était efforcé
de susciter. Alors il les félicita, puis il les congédia, en leur
donnant l'ordre de lever le camp le lendemain dès l'aube.

Dans les mêmes jours, Publius, qui avait déjà franchi
le fleuve du Pô, décida de se diriger en avant et de passer
le Tessin[2]. Il donna l'ordre aux sapeurs de jeter un pont et
réunit le reste de ses troupes qu'il exhorta. La plus grande
partie de son discours portait sur l'honneur de la patrie
et sur les exploits des ancêtres : même sans avoir éprouvé

---

2. Publius Scipion a passé le Pô au nord de Plaisance et se trouve
donc désormais lui aussi sur la rive gauche.

pour le moment les adversaires, déclarait-il, ses hommes savaient qu'ils allaient combattre les Carthaginois et qu'ils devaient garder l'espoir certain de vaincre, et considérer comme une chose complètement étrange et incroyable que les Carthaginois osent soutenir le regard des Romains, par qui ils avaient été souvent vaincus, à qui ils avaient versé de lourds tributs et dont, depuis si longtemps, ils étaient presque les esclaves.

Indépendamment de ces considérations, chaque fois que nous éprouvons un tant soit peu les hommes ici présents et que nous constatons qu'ils osent à peine nous regarder en face, comment devons-nous juger de l'avenir, si nous raisonnons correctement ? En vérité, quand leurs cavaliers se sont heurtés à nos cavaliers au bord du fleuve du Rhône, ils ne s'en sont pas bien tirés ; mais ils ont perdu beaucoup des leurs et ont fui honteusement jusqu'à leur propre camp. Leur général, avec son armée tout entière, apprenant l'arrivée de nos soldats, a fait une retraite qui ressemblait fort à une fuite et, contrairement à son intention initiale, a entrepris, par peur, sa marche à travers les Alpes. Maintenant, ajoutait-il, Hannibal était là, après avoir perdu la plus grande partie de son armée ; et la partie survivante était faible et difficilement utilisable à cause de sa mauvaise condition ; il avait laissé périr également la plupart des chevaux et rendu le reste inutilisable à cause de la longueur et de la difficulté de la route.

Par ce discours, Publius essayait de leur prouver qu'il leur suffisait de se montrer aux ennemis ; mais, par-dessus tout, il leur demandait de garder courage eu égard à son arrivée parmi eux. Jamais il n'aurait abandonné la flotte ni les opérations d'Ibérie à la tête desquelles il avait été dépêché, et ne serait venu ici avec une telle hâte, s'il n'avait certes tout à fait compris, par suite de ses calculs, que les opérations d'ici étaient indispensables pour la patrie et que le succès en était tout à fait certain. L'autorité de l'orateur, la

vérité de son discours suscitèrent chez tous les hommes un
vif élan pour le combat. Il les félicita de leur impétuosité,
puis les congédia en leur recommandant de se tenir prêts à
exécuter les ordres qu'il ferait passer.

Polybe, *Histoires*, 3, 62-64

*Les deux armées s'approchent en longeant la rive gauche du Pô.
Premier accrochage entre les deux généraux.*

Le lendemain, Hannibal et Scipion avancèrent tous
les deux le long du fleuve, sur la rive du côté des Alpes ;
l'armée romaine avait le cours d'eau à sa gauche, l'armée
carthaginoise à sa droite. Le jour suivant, lorsqu'ils eurent
appris par leurs fourrageurs qu'ils étaient tout près l'un de
l'autre, ils établirent leur camp à l'endroit même où ils se
trouvaient et attendirent. Le jour d'après, ils prirent l'un
et l'autre toute leur cavalerie avec eux, Publius y ajouta ses
fantassins auxiliaires, puis ils avancèrent à travers la plaine,
chacun étant impatient d'examiner les forces de l'autre.

À l'approche l'un de l'autre, dès qu'ils aperçurent la
poussière qui s'élevait, ils se rangèrent en ordre de bataille.
Publius plaça en avant les fantassins auxiliaires et, avec
eux, les cavaliers gaulois, forma un front avec le reste des
cavaliers, puis avança au pas. Hannibal rangea de front la
cavalerie bridée et toute la cavalerie lourde, puis il marcha
à la rencontre des ennemis ; il tenait prêts les cavaliers
numides sur chacune des deux ailes en vue d'une manœuvre
d'encerclement. Comme les deux chefs et les deux cavaleries
rivalisaient d'ardeur combative, il en résulta un premier choc
si terrible que les fantassins auxiliaires n'eurent pas plus tôt
commencé à lancer des traits qu'ils se replièrent aussitôt à
travers les intervalles ménagés entre les escadrons des leurs
et se réfugièrent derrière eux, frappés d'effroi par la violence
de la charge et redoutant fort d'être écrasés par les cavaliers
qui chargeaient. Les deux fronts s'élancèrent l'un contre

l'autre, et le combat demeura longtemps équilibré. C'était une rencontre à la fois d'infanterie et de cavalerie, à cause du nombre des hommes qui mirent pied à terre au cours de la bataille. Mais, lorsque les Numides les encerclèrent et tombèrent sur eux par-derrière, les fantassins auxiliaires, qui avaient réussi la première fois à échapper au choc des cavaliers, furent alors écrasés sous le nombre et la charge des Numides ; quant à ceux qui, depuis le début, combattaient de front contre les Carthaginois et qui, déjà, avaient perdu beaucoup des leurs, mais avaient fait périr encore plus de Carthaginois, lorsque les Numides s'abattirent sur eux à revers, ils firent demi-tour, la plupart se dispersant, quelques-uns se regroupant autour de leur chef.

Polybe, *Histoires*, 3, 65

> *Publius Scipion, blessé, s'enfuit pour se réfugier de l'autre côté du Pô pendant que les Celtes se rallient aux Carthaginois après avoir ravagé le camp romain.*
> *Tite-Live précise que c'est le jeune fils de Scipion, le futur Africain qui sauva son père (21, 46, 7). Polybe le fera également dans son livre 10 (3, 3).*

Publius leva le camp et se dirigea, à travers les plaines, vers le pont du Pô, en se hâtant d'y faire passer le premier son armée. En effet, constatant que le terrain était plat, que les adversaires avaient la supériorité en cavalerie, que lui-même était handicapé par sa blessure, il jugeait nécessaire de mettre ses troupes à l'abri. Hannibal supposa quelque temps que les Romains livreraient combat avec leurs légions de fantassins ; mais, se rendant compte qu'ils avaient déjà quitté leur camp, il les suivit jusqu'à la première rivière et jusqu'au pont qui l'enjambait ; il le trouva avec la plupart des planches arrachées et, surprenant les hommes qui demeuraient encore au bord de la rivière à la garde du pont, il s'en rendit maître — ils étaient au nombre de presque six cents. Mais, apprenant que les autres avaient déjà pris beaucoup d'avance, il fit demi-tour et repartit en sens inverse, en marchant le long du fleuve, impatient d'arriver en un endroit où il pourrait jeter facilement un pont sur le Pô. Il s'arrêta le deuxième jour et, assurant le passage au moyen d'un pont de bateaux fluviaux, il enjoignit à Asdrubal[3] de faire traverser la troupe. Lui-même, sitôt passé, donna audience aux ambassadeurs venus des contrées toutes proches. En effet, dès qu'il eut remporté sa victoire, tous les Celtes voisins s'empressèrent, selon leur intention initiale, de se lier d'amitié avec les Carthaginois, de leur fournir des vivres et de faire campagne à leurs côtés. Il accueillit avec bienveillance ceux qui se présentaient ; puis, retrouvant les troupes qui venaient de l'autre rive, il avança le long du fleuve, en repartant dans le sens opposé à sa route précédente. Il marchait en suivant le courant, impatient de rejoindre les adversaires. Publius avait franchi le Pô et installé son camp près de la ville de Plaisance – qui était une colonie des Romains –; il se soignait, ainsi que les autres blessés ; pensant que ses troupes avaient un appui sûr, il restait tranquille. Hannibal parvint à proximité des ennemis le deuxième jour après le passage ; le troisième jour, il rangea son armée en ordre de bataille sous le regard des adversaires. Mais, comme personne ne sortait à sa rencontre, il établit son camp, en laissant une distance d'environ cinquante stades[4] entre les deux armées.

Les Celtes qui faisaient campagne aux côtés des Romains, constatant que les espoirs des Carthaginois étaient plus brillants, s'entendirent entre eux : ils guettaient l'occasion d'une agression, tout en restant chacun sous sa propre tente. Quand les hommes du retranchement eurent dîné et se furent couchés, ils laissèrent la plus grande partie de la

---

3. À distinguer du frère d'Hannibal à qui le chef carthaginois a confié la péninsule Ibérique avant de la quitter.
4. 9 km.

nuit s'écouler ; puis ils s'armèrent et, vers la veille précé-
dant l'aube, ils assaillirent les Romains campant tout près
d'eux. Ils en tuèrent beaucoup et n'en blessèrent pas moins.
Enfin, coupant la tête des morts, ils se retirèrent auprès des
Carthaginois ; ils étaient dans les deux mille fantassins et un
peu moins de deux cents cavaliers. Hannibal accueillit leur
arrivée avec bienveillance ; il les exhorta aussitôt et, promettant à chacun les récompenses appropriées, il les renvoya
dans leurs cités avec mission d'exposer à leurs concitoyens la
situation et de les exhorter à faire alliance avec lui. Il savait
que tous seraient obligés de prendre son parti, quand ils
auraient appris la trahison commise par leurs concitoyens
envers les Romains. Au même moment, les Boïens vinrent
lui remettre les triumvirs dépêchés par les Romains pour le
partage de leurs terres ; ils s'en étaient emparés par trahison
au début de la guerre. Hannibal accepta leurs témoignages
de dévouement et conclut avec eux un traité d'amitié et
d'alliance, en considération des gages de bonne foi qu'ils
lui donnaient ; d'autre part, il leur rendit les triumvirs en
leur recommandant de les garder pour recouvrer grâce à eux
leurs propres otages, selon leur intention initiale.

Publius, qui était mécontent de la trahison survenue,
calcula que, comme les Celtes avaient depuis longtemps des
dispositions hostiles à l'égard des Romains, tous les Gaulois
des alentours, après ces événements, pencheraient en fait
pour les Carthaginois, et il comprit qu'il devait prendre des
précautions pour l'avenir. C'est pourquoi, la nuit suivante, à
l'approche de l'aube, il leva le camp et marcha vers la rivière
de la Trébie et les collines qui la bordent, confiant dans la
force de sa position et dans ses alliés voisins.

Polybe, *Histoires*, 3, 66-67

UNE PREMIÈRE VICTOIRE

Hiver 218

Et c'est le premier grand affrontement de la guerre.

Apprenant le départ des Romains, Hannibal dépêcha sur-le-champ les cavaliers numides et, peu après, le reste des cavaliers. Lui-même venait tout de suite derrière eux avec son armée. Les Numides, tombant sur le camp désert, y mirent le feu, ce qui fut très utile aux Romains, car, si ces cavaliers avaient suivi de près et rejoint les hommes du train, ils en auraient tué beaucoup en terrain plat. Mais, en réalité, la plupart eurent le temps de passer la rivière de la Trébie. Parmi ceux qui avaient été laissés à l'arrière-garde, les uns furent tués, les autres pris vivants par les Carthaginois.

Publius traversa la rivière et installa son camp au pied des premières collines ; il entoura son camp d'un fossé et d'une palissade, puis il attendit Tiberius et ses troupes ; il se soignait avec minutie, impatient qu'il était de participer, s'il le pouvait, au combat à venir. Hannibal, parvenu à une distance des ennemis d'environ quarante stades,[1] établit son camp à cet endroit même. La multitude des Celtes qui habitaient les plaines et qui se trouvaient rejoindre les Carthaginois dans leurs espoirs, fournissaient en abondance des vivres à l'armée ; ils étaient prêts à partager toutes sortes d'épreuves et de combats avec Hannibal et les siens.

À Rome, une fois les nouvelles de la bataille de cavalerie tombées, on s'étonna de cette issue à laquelle on ne s'attendait pas ; néanmoins on ne manqua pas de prétextes pour ne pas considérer ce qui s'était passé comme une défaite,

1. 7,2 km.

les uns incriminant la précipitation du consul, les autres
la malveillance des Celtes, qu'ils conjecturaient d'après
leur dernière défection. Et, dans l'ensemble, les légions de
fantassins demeurant intactes, demeuraient intacts aussi,
estimaient-ils, leurs espoirs pour l'issue de la guerre. C'est
pourquoi, quand Tiberius arriva, avec ses légions, et traversa
Rome, ils s'imaginèrent que sa seule apparition déciderait
de la bataille.

Le consul prit avec lui les soldats qui, suivant leur serment, s'étaient rassemblés à Ariminum, puis il s'avança,
impatient de rejoindre Publius. Il fit sa jonction avec lui et
installa son camp auprès des troupes de ses compatriotes ;
puis il laissa le gros de ses hommes se reposer, étant donné
que de Lilybée à Ariminum ils avaient marché à pied quarante jours de suite ; mais il fit tous ses préparatifs pour la
bataille et conféra lui-même soigneusement avec Publius,
s'informant de ce qui s'était déjà passé et délibérant sur la
situation présente.

Dans le même temps, Hannibal s'empara par surprise
de la cité de Clastidium, qui lui fut livrée par celui à qui les
Romains en avaient confié la garde, un homme de Brindes. Il
se rendit maître de la garnison, ainsi que du dépôt de grain,
dont il se servit aussitôt pour se ravitailler ; puis il avança, en
prenant avec lui, sans leur faire de mal, les hommes tombés
en son pouvoir ; il voulait montrer par un exemple quelle
ligne politique il suivait, afin que les victimes des circonstances n'en viennent pas, dans leur crainte, à désespérer de
trouver en lui le salut. Il récompensa magnifiquement le
traître et s'empressa d'inviter ceux qui étaient à la tête des
affaires à partager les espoirs des Carthaginois.

Après cela, constatant que certains Celtes qui habitaient
entre le fleuve du Pô et la rivière de la Trébie avaient conclu
un traité d'amitié avec lui, mais envoyaient des émissaires
aux Romains, parce qu'ils croyaient que, par ce moyen, ils
assuraient leur sécurité des deux côtés, il dépêcha contre

eux deux mille fantassins et dans les mille cavaliers celtes et numides, auxquels il prescrivit de ravager leur territoire. Dès qu'ils eurent exécuté l'ordre prescrit et se furent emparés d'un butin abondant, les Celtes se présentèrent devant le retranchement des Romains pour leur demander du secours. Tiberius, qui cherchait depuis longtemps une occasion d'agir, trouva là un prétexte ; il dépêcha la plus grande partie des cavaliers et, avec eux, dans les mille fantassins auxiliaires, qui s'empressèrent d'attaquer les ennemis au-delà de la Trébie et de combattre énergiquement contre eux pour leur reprendre le butin ; les Celtes firent demi-tour avec les Numides et battirent en retraite vers leur propre retranchement. Comprenant vite ce qui se passait, les hommes des avant-postes du camp carthaginois quittèrent leurs positions et, avec les troupes de couverture, se portèrent au secours des leurs serrés de près. À la suite de quoi, les Romains firent demi-tour et se replièrent à leur tour en direction de leur propre camp. Tiberius, remarquant ce qui se passait, lança tous ses cavaliers et ses fantassins auxiliaires. Par suite de cela, les Celtes firent de nouveau demi-tour et battirent en retraite pour assurer leur propre sécurité. Le général carthaginois, qui n'était pas prêt à risquer le tout pour le tout et qui pensait qu'on ne doit jamais livrer les batailles importantes sans un plan et sous n'importe quel prétexte – ce qui est, il faut l'avouer, le fait d'un bon chef –, retint alors ses propres hommes, qui approchaient de leur retranchement, et les contraignit à faire face et à tenir bon, mais les empêcha de poursuivre les ennemis et d'engager le combat, en les faisant rappeler par ses aides de camp et par ses trompettes. Les Romains attendirent un court moment, puis se replièrent ; ils perdirent un petit nombre des leurs, mais avaient fait périr un plus grand nombre de Carthaginois.

Polybe, *Histoires*, 3, 68-69

Tiberius, qui a établi sa jonction avec Scipion, veut mener le combat à sa manière et profite de la faiblesse du général pour passer outre à ses atermoiements. Et cela avant les élections de janvier qui donnaient à la nouvelle année deux nouveaux consuls entrant en charge le 15 mars. Faiblesse de la constitution romaine en cas de conflit.

Tiberius, exalté et ravi par ce succès, ambitionnait de risquer au plus vite le tout pour le tout. Il se proposait d'user des circonstances présentes à sa guise, vu l'état de faiblesse de Publius; mais, comme il voulait aussi prendre l'avis de son collègue, il eut un entretien avec lui. Or Publius jugeait tout autrement de la situation. Il estimait que leurs propres légions, si elles passaient l'hiver à s'exercer, deviendraient meilleures; que les Celtes, étant donné leur perfidie, ne demeureraient pas fidèles aux Carthaginois, si ceux-ci, contraints de rester tranquilles, ne faisaient rien, mais qu'ils maniganceraient une nouvelle trahison, contre eux cette fois. Pour ce qui le concernait, il espérait, une fois guéri de sa blessure, prendre une part active aux opérations communes. C'est pourquoi, en vertu de tels raisonnements, il demandait à Tiberius de s'en tenir à leurs positions actuelles. Le consul savait que chacun de ces propos était conforme à la vérité et au devoir, mais, poussé par son amour de la gloire et confiant, contre toute raison, dans la situation, il était impatient de risquer par lui-même le tout pour le tout, avant que Publius pût participer à la bataille et que les consuls désignés eussent le temps de recevoir le commandement (c'était, en effet, l'époque). C'est pourquoi, en choisissant le moment opportun non pas pour les opérations, mais pour lui personnellement, il devait manifestement manquer à son devoir.

Polybe, *Histoires*, 3, 70, 1-8

De son côté, Hannibal, en fin stratège, prépare habilement sa tactique. Envoyer sa cavalerie numide pour pousser des troupes novices et au ventre vide à engager le combat.

Hannibal, qui se faisait de la situation une idée presque identique à celle de Publius, était donc, à l'inverse de lui, impatient de rencontrer les ennemis ; il voulait, premièrement, exploiter l'ardeur intacte des Celtes ; deuxièmement, rencontrer les légions romaines tant qu'elles étaient encore inexpérimentées et formées de jeunes recrues non exercées et, troisièmement, livrer bataille pendant que Publius était encore invalide, mais principalement faire quelque chose et ne pas laisser passer le temps en pure perte. En effet, pour celui qui lance ses armées en territoire étranger et y entreprend des opérations incroyables, il n'y a qu'un moyen de salut, c'est de renouveler continuellement les espoirs de ses alliés. Hannibal savait que Tiberius allait l'assaillir et se préparait à cela.

Comme il avait, depuis longtemps, remarqué entre les deux armées un terrain plat et découvert, mais propice à une embuscade à cause d'un cours d'eau aux rives escarpées, où avaient poussé des épines et des ronces épaisses, il prépara un stratagème contre ses adversaires. Il devait opérer facilement à leur insu, car, si les Romains se méfiaient des terrains boisés, étant donné que les Celtes dressaient toujours leurs embuscades en de tels endroits, ils avaient pleinement confiance dans les terrains plats et découverts. Ils ne savaient pas que, pour se cacher et ne pas courir de risque, quand on dresse une embuscade, ces terrains se trouvent être plus propices que les terrains boisés, parce que, de là où on se tient embusqué, on peut voir loin devant, de tous les côtés, et qu'il y a des cachettes suffisantes en de très nombreux points. En effet, tantôt c'est le premier cours d'eau venu, même avec des rives peu escarpées, tantôt ce sont des roseaux, des fougères ou quelque variété d'épines qui peuvent, dans certains cas, dissimuler non seulement des fantassins, mais même les cavaliers, pour peu qu'on prévoie de mettre à plat, face contre terre, les décorations des boucliers et de mettre les casques sous les boucliers.

Cependant, le général carthaginois s'entretint de la bataille à venir avec son frère Magon et les autres membres de son état-major qui tous approuvèrent son plan. Dès que l'armée eut dîné, il rappela son frère Magon, qui était jeune, plein de fougue et, depuis l'enfance, instruit des choses de la guerre ; il lui confia cent hommes pris parmi les cavaliers et autant de fantassins – en effet, tandis qu'il faisait encore jour, il avait sélectionné, dans l'ensemble de l'armée, les hommes les plus vaillants et il leur avait fait passer l'ordre de venir après le dîner dans sa tente. Par ses exhortations, il leur inspira l'ardeur qui convenait aux circonstances, puis il leur donna l'ordre de choisir, chacun dans sa propre unité, les dix hommes les plus courageux et de se rendre en un point du camp qu'ils connaissaient. Ils exécutèrent la consigne et ce furent donc mille cavaliers et autant de fantassins qu'Hannibal envoya de nuit se mettre en embuscade, en leur fournissant des guides et en donnant à son frère des instructions sur le moment de l'attaque. Lui-même, au point du jour, réunit les cavaliers numides – qui étaient particulièrement endurants – et se mit à les exhorter ; après avoir promis des récompenses à ceux qui agiraient en hommes braves, il leur prescrivit de s'approcher du retranchement adverse, de passer en toute hâte la rivière et, par des escarmouches, d'amener les ennemis à sortir : il voulait surprendre les adversaires à jeun et non préparés à ce qui allait se passer. Il rassembla les autres chefs qu'il exhorta de la même manière au combat et fit passer l'ordre à tous les hommes de déjeuner et de prendre soin des armes et des chevaux.

Polybe, *Histoires*, 3, 70, 9 - 71

Tiberius tombe dans le piège. En cet hiver 218, après avoir traversé le fleuve glacé, ses hommes s'enfuient sous des trombes d'eau gelée.

Dès qu'il eut remarqué que les cavaliers numides approchaient, Tiberius dépêcha sur-le-champ sa cavalerie, toute seule, en lui prescrivant d'accrocher les ennemis et d'engager le combat contre eux. À la suite des cavaliers, il envoya les fantassins auxiliaires, qui étaient dans les six mille. Il fit aussi sortir du retranchement le reste de son armée, en pensant que sa seule apparition déciderait de l'ensemble de la bataille ; il était exalté par la multitude de ses hommes et par le succès de cavalerie qu'il avait remporté la veille.

On était aux environs du solstice d'hiver et il faisait un temps neigeux, particulièrement froid. Les hommes et les chevaux, pour ainsi dire presque tous, étaient sortis sans avoir déjeuné. Au début, la multitude débordait de fougue et d'impétuosité. Mais, quand vint le moment de passer la rivière de la Trébie, qui était en crue à cause de l'averse tombée au cours de la nuit dans la zone située en amont des deux camps, les fantassins, plongés dans l'eau jusqu'à la poitrine, ne passèrent qu'avec peine. Par suite de quoi, l'armée souffrit du froid et du manque de nourriture, d'autant que déjà aussi la journée s'avançait. En revanche, les Carthaginois, qui avaient mangé et bu sous leurs tentes et s'étaient occupés de leurs chevaux, se frottaient tous d'huile et s'armaient autour des feux.

Dès qu'Hannibal, qui guettait le moment, eut remarqué que les Romains avaient passé la rivière, il lança en avant comme troupes de couverture ses lanciers et ses frondeurs – qui étaient dans les huit mille –, puis il fit sortir son armée. S'avançant jusqu'à environ huit stades[2] de son camp, il rangea sur une seule ligne droite ses fantassins – qui étaient

2. 1,5 km.

au nombre d'environ vingt mille, tant Ibères que Celtes et Africains ; puis il divisa ses cavaliers et les plaça sur chacune des deux ailes – ils étaient plus de dix mille avec les alliés celtes ; enfin il scinda ses éléphants et les rangea devant les ailes de sa phalange, sur toute la longueur de l'une et de l'autre.

Au même moment, Tiberius rappela ses cavaliers qui, constatait-il, ne savaient comment venir à bout de leurs adversaires, parce que les Numides se retiraient à leur aise et en ordre dispersé pour faire demi-tour et revenir à la charge avec audace et hardiesse (ce qui est le propre de la tactique numide) ; puis il rangea ses fantassins dans leur ordre de bataille habituel ; il y avait dans les seize mille Romains et dans les vingt mille alliés. Ce sont les effectifs d'une armée romaine pour les opérations importantes, toutes les fois que les circonstances réunissent les deux consuls dans les mêmes lieux. Après cela, il mit ses cavaliers sur chacune des deux ailes – ils étaient dans les quatre mille – et il s'avança fièrement contre les adversaires, chargeant en ordre et au pas.

Les deux adversaires étaient déjà tout près l'un de l'autre, quand les fantassins légers disposés en avant des lignes engagèrent le combat. Les Romains montrèrent leur infériorité de nombreuses manières, tandis que les Carthaginois prenaient en fait l'avantage, étant donné que les fantassins auxiliaires des Romains peinaient depuis l'aube, qu'ils avaient lancé la plupart de leurs traits au cours de la mêlée avec les Numides et que les traits qui leur restaient étaient hors d'usage à cause de la persistance de la pluie. Or les cavaliers et l'armée tout entière se trouvaient en fait dans le même état. Les Carthaginois se trouvaient dans un état contraire : ils demeuraient rangés en ordre de bataille, frais et dispos, toujours prêts à intervenir avec impétuosité au moment où il le faudrait. C'est pourquoi, dès qu'on eut recueilli, dans les intervalles ménagés entre les unités, les fantassins légers qui combattaient en avant des lignes, et dès que les fantassins lourds se furent précipités les uns contre les autres, les cavaliers carthaginois pressèrent aussitôt les adversaires à partir des deux ailes, d'autant que le nombre des hommes et des chevaux, ainsi que leur fraîcheur – vu leur état intact à la sortie du camp – leur donnaient une supériorité écrasante. Quand les cavaliers romains eurent reculé et découvert les ailes des légions, les lanciers carthaginois et la multitude des Numides, dépassant leur propre ligne de front, tombèrent sur les ailes des Romains auxquels ils causèrent beaucoup de mal et ne permirent pas de combattre contre ceux qui les assaillaient de face. Les fantassins lourds qui, des deux côtés, occupaient les premiers rangs au centre de l'ensemble du dispositif, combattirent longtemps au corps à corps, laissant la bataille indécise.

Ce fut à ce moment que les Numides de l'embuscade se relevèrent et tombèrent soudain dans le dos de ceux qui luttaient au centre, provoquant en fait un grand trouble et un grand désordre parmi les troupes romaines. Enfin, les deux ailes des légions de Tiberius, pressées de face par les éléphants et de tous les côtés, sur leurs flancs découverts, par les fantassins légers, tournèrent le dos et, au cours de la poursuite, furent repoussées jusqu'à la rivière voisine.

Parmi ceux des Romains qui avaient été rangés au centre de la ligne de combat, les uns, situés à l'arrière, furent tués ou blessés par les hommes de l'embuscade qui tombèrent dans leur dos ; mais les autres, contraints par la nécessité d'occuper les premières positions, défirent les Celtes et une partie des Africains ; après en avoir fait périr beaucoup, ils rompirent même la ligne de bataille carthaginoise. Mais constatant que les hommes de leurs propres ailes avaient été refoulés, ils renoncèrent tant à leur porter secours qu'à retourner dans leur propre camp : dans un cas, ils redoutaient la multitude des cavaliers ennemis, dans l'autre ils étaient empêchés par la rivière et par la trombe d'eau qui leur tombait sur la tête. Gardant les rangs, en ordre serré,

ils se retirèrent en toute sécurité à Plaisance – ils n'étaient
pas moins de dix mille ; quant aux autres, la plupart furent
tués au bord de la rivière par les éléphants et les cavaliers ;
ceux des fantassins qui en réchappèrent, ainsi que la plus
grande partie des cavaliers, battant en retraite vers les corps
de troupes, furent recueillis avec eux à Plaisance.

Polybe, *Histoires*, 3, 72 - 74, 8

*Les Romains sont battus. Tiberius minimise ses responsabilités. Les
nouveaux consuls entrent en charge et réagissent en levant des troupes
fraîches parmi les citoyens et en faisant appel à leurs alliés.*

L'armée carthaginoise, qui avait poursuivi les ennemis
jusqu'à la rivière, mais ne pouvait plus pousser plus avant
à cause des intempéries hivernales, regagna son camp. Elle
était toute ravie d'avoir gagné la bataille. Elle avait, en fait,
perdu peu d'Ibères et d'Africains, mais la plupart des Celtes.
En revanche, elle souffrit terriblement des pluies et de la
neige qui s'y ajouta, au point que tous les éléphants, sauf
un, moururent et que beaucoup d'hommes et de chevaux
périrent de froid.

Tiberius, qui savait ce qui s'était passé, mais qui voulait,
autant que possible, cacher à Rome la réalité de la situation,
envoya des messagers annoncer qu'une bataille avait eu lieu,
mais que les intempéries hivernales lui avaient enlevé la
victoire. À Rome, sur le moment, on crut aux nouvelles
qui tombaient ; mais, peu après, quand on fut informé que
les Carthaginois gardaient leur camp et que tous les Celtes
penchaient pour l'amitié avec eux ; que les Romains avaient
abandonné leur camp, qu'ils avaient battu en retraite loin du
champ de bataille, qu'ils se trouvaient tous rassemblés dans les
villes et qu'ils étaient ravitaillés en vivres à partir de la mer,
par le fleuve du Pô, on comprit trop clairement l'issue réelle
des combats. C'est pourquoi, comme l'événement paraissait
inattendu, on s'occupa particulièrement du reste des préparatifs

et de la défense des territoires exposés : on envoya des légions
en Sardaigne et en Sicile et, outre cela, des garnisons à Tarente
et dans les autres positions stratégiques. On équipa aussi
soixante quinquérèmes. Cnaeus Seruilius et Caius Flaminius,
qui venaient alors d'être désignés consuls, recrutèrent les alliés
et procédèrent à la conscription pour la levée des légions chez
leurs propres concitoyens. Ils firent, en outre, acheminer des
approvisionnements, les uns vers Ariminum, les autres vers
l'Étrurie, dans l'intention de passer à l'offensive à partir de
ces bases. Ils envoyèrent enfin des émissaires demander du
secours à Hiéron[3], lequel leur dépêcha cinq cents Crétois et
mille peltophores. Ils faisaient toutes sortes de préparatifs, de
toutes parts, avec énergie, car les Romains, dans les affaires
tant publiques que privées, sont très redoutables, chaque fois
qu'ils sont cernés par une menace réelle.

Polybe, *Histoires*, 3, 74, 9 - 75

*Pendant ce temps, le frère de Scipion débarque en Espagne et
menace Hannon. Asdrubal, le frère d'Hannibal riposte et repousse
les Romains.*

*En Italie, les deux nouveaux consuls se préparent à contenir
l'envahisseur. Hannibal fait savoir à tous les peuples de la région
qu'il est là pour leur liberté.*

*Il faut remarquer avec quelle insistance il tente de maintenir
les différents peuples d'Italie à sa cause, seul espoir pour lui de
vaincre Rome.*

Avec le retour du printemps, Caius Flaminius, prenant ses
troupes avec lui, avança à travers l'Étrurie et vint installer son

---

3. Jusqu'à sa mort au printemps 215, Hiéron II de Syracuse resta
fidèle à l'alliance romaine que son petit-fils et successeur, Hiéronymos,
devait se dépêcher de dénoncer dès son accession au trône. Le reste
de la Sicile était désormais une province romaine administrée par un
préteur, T. Otacilius Crassus pour 217. L'aide de Hiéron à Rome fut
abondante et répétée.

camp devant la ville d'Arretium ; Cnaeus Seruilius, prenant ses troupes avec lui, avança au contraire vers Ariminum pour parer à une attaque des adversaires de ce côté.

Hannibal, qui avait pris ses quartiers d'hiver en Celtique[4], gardait en captivité les Romains faits prisonniers dans la bataille, et leur mesurait les rations de vivres. En revanche, il traitait leurs alliés, depuis le début, avec toute l'humanité possible, et ce jusqu'au jour où il les réunit afin de les exhorter, déclarant qu'il était venu guerroyer non pas contre eux, mais pour eux contre les Romains. C'est pourquoi, disait-il, s'ils étaient sensés, ils devaient s'attacher à son amitié ; lui était là d'abord pour restaurer la liberté des Italiens, mais également pour aider chaque peuple à recouvrer les villes et les territoires dont il se trouvait avoir été dépossédé par les Romains. Quand il eut dit cela, il les laissa tous repartir dans leurs foyers, sans demander de rançon, car il voulait, par un tel procédé, d'une part gagner à sa cause les habitants de l'Italie, d'autre part aliéner aux Romains le dévouement à leur cause, et soulever ceux qui croyaient avoir subi quelque préjudice dans leurs villes ou leurs ports du fait de la domination romaine.

Polybe, *Histoires*, 3, 77

Où l'on apprend le goût d'Hannibal pour les déguisements.

Il usa d'un stratagème vraiment digne d'un Punique, au cours des quartiers d'hiver. Le voici : il redoutait l'inconstance des Celtes et leurs complots contre sa personne, étant donné le caractère récent de son alliance avec eux, et se fit donc faire des perruques, assorties comme il convenait à la diversité des principaux âges de la vie, qu'il portait et

---

4. Il s'agit bien entendu de la Gaule cisalpine, c'est-à-dire de la partie septentrionale de l'Italie actuelle, au nord d'une ligne Pise-Rimini.

dont il changeait continuellement ; il variait également ses tenues pour les assortir toujours aux perruques ; de ce fait, il était difficile à reconnaître non seulement pour ceux qui ne l'avaient vu qu'une fois, mais même pour ceux qui vivaient dans son intimité.

Constatant que les Celtes supportaient difficilement la prolongation de la guerre sur leur territoire, qu'ils étaient impatients de la porter sur le territoire ennemi et qu'ils s'exaltaient à cette idée – sous le prétexte de leur ressentiment contre les Romains, mais en réalité et par-dessus tout pour faire du butin –, il décida de lever le camp au plus vite et de combler les aspirations de ses troupes.

Polybe, *Histoires*, 3, 78, 1-5

Hannibal décide de faire passer ses troupes en Étrurie, et surtout les Celtes impatients. Mais pas par la route habituelle. Voulant surprendre l'ennemi là où il ne s'attend pas à le trouver aussi vite, il entraîne ses hommes dans un deuxième calvaire où lui-même perdra un œil à l'âge de 30 ans. Tite-Live précise que les marécages sont grossis par une crue de l'Arno, à cette époque de l'année. (22, 2, 2).

C'est pourquoi, avec le changement de saison[5], il s'informa auprès des gens qui passaient pour connaître le mieux le pays. Il découvrit que les autres voies d'invasion du territoire ennemi étaient longues et tout à fait évidentes pour ses adversaires, tandis que celle qui menait en Étrurie par les marais était certes difficile, mais courte et semblerait contraire à toute attente pour Flaminius. Comme il était, pour ainsi dire, toujours enclin, de par son caractère, à prendre ce parti, c'est par là qu'il se proposa de faire route. Mais, quand le bruit se fut répandu dans l'armée que le général comptait conduire ses hommes à travers des marais, chacun

5. Début avril 217.

se montra plein de réticence à l'égard de cet itinéraire, par
crainte des fondrières et des bourbiers de la région.

Hannibal, qui s'était soigneusement renseigné et avait
maintenant la certitude que les marais en travers de sa route
étaient guéables et avaient des fonds solides, leva le camp.
Il mit en tête de la colonne les Africains et les Ibères, ainsi
que tous les corps d'élite de son armée, auxquels il joignit
le train, afin qu'ils eussent, pour le présent, des vivres en
abondance ; car, pour l'avenir, il ne se préoccupait absolument pas de toute la question de l'approvisionnement ;
il calculait que, si d'aventure il parvenait en territoire
ennemi, vaincu, il n'aurait plus besoin du nécessaire vital,
tandis que, vainqueur et maître de la rase campagne, il ne
manquerait pas de vivres. Derrière ces troupes, il plaça les
Celtes et, derrière tout le monde, les cavaliers. Il laissa son
frère Magon en arrière, comme responsable de la queue
de la colonne, à cause, entre autres raisons, de la mollesse
des Celtes et de leur aversion pour la fatigue, afin que, si
éventuellement, réduits aux extrémités, ils faisaient demi-
tour et rebroussaient chemin, Magon les en empêchât au
moyen de ses cavaliers et leur opposât ses troupes. Les
Ibères et les Africains, qui marchaient à travers les marais
encore intacts, s'en tirèrent sans souffrances excessives,
vu qu'ils étaient tous endurants et habitués à de telles
calamités. Mais les Celtes allaient difficilement de l'avant,
une fois les marais remués et piétinés en profondeur ; ils
supportaient avec peine et désarroi leurs tourments, en
hommes qui n'avaient pas l'expérience de toutes ces misères.
Cependant ils étaient empêchés de faire volte-face et de
rebrousser chemin par les cavaliers qui les pressaient. Tous
les hommes en général eurent à souffrir, et principalement
du manque de sommeil, dans la mesure où ils marchèrent
dans l'eau sans faire de halte, quatre jours et trois nuits de
suite. Mais ceux qui peinèrent tout spécialement et qui
périrent en plus grand nombre que les autres, ce furent les

Celtes. La plupart des bêtes de somme tombèrent dans la boue et moururent là, en rendant par leur chute un seul service aux humains : juchés sur les bêtes et sur les bagages amoncelés, ils demeuraient au-dessus de l'eau et, de cette manière, dormaient une brève partie de la nuit. Il y eut aussi beaucoup de chevaux qui perdirent leurs sabots à force de marcher dans la boue. Hannibal, monté sur le seul éléphant qui lui restait, fut sauvé non sans peine et au prix d'une grande épreuve : il fut atteint d'une grave ophtalmie, qui lui fit endurer les plus vives douleurs et qui finalement le priva d'un œil, car il se trouvait dans une situation impossible, qui ne lui permettait ni de s'arrêter ni de se faire soigner.

Il franchit contre toute attente les zones marécageuses et surprit en Étrurie Flaminius qui campait devant la ville d'Arrétium. Il établit alors son camp là, près des marais, car il voulait faire reposer son armée et se renseigner sur les adversaires, ainsi que sur la contrée qui s'étendait sous ses yeux. Informé que le territoire devant lui regorgeait de ressources et que Flaminius était avide de popularité et parfait démagogue, sans aucun talent pour mener de véritables opérations militaires, et, outre cela, plein de confiance en ses propres manœuvres, Hannibal calcula que, s'il parvenait à dépasser le camp romain et à descendre dans la contrée devant lui, le consul, redoutant les sarcasmes de la troupe, ne pourrait laisser ravager le territoire sans réagir et, piqué au vif, le suivrait témérairement en tout lieu, impatient de prendre par lui-même l'avantage, sans attendre l'arrivée de son collègue, avec qui il partageait le commandement. À la suite de quoi, Hannibal estimait qu'il lui offrirait beaucoup d'occasions de l'assaillir. Il calculait tout cela avec bon sens et habileté.

Polybe, *Histoires*, 3, 78, 6 - 80

LA BATAILLE DU LAC TRASIMÈNE

Trasimène, une autre grande défaite des Romains due à l'impatience de son chef. Le consul le paiera de sa vie. Tite-Live précise (22, 6, 3) qu'il fut tué par Ducarius, un cavalier insubre désireux de venger la défaite infligée à son peuple par Flaminius en 223 (Polybe 2, 32).

Encore une fois, Hannibal fait une fine analyse de la situation : attaquer rapidement un seul consul au caractère impétueux.

Images terribles de massacre dans le brouillard, Romains acculés dans le lac, se noyant ou, bras et tête levés hors de l'eau, exterminés ou s'achevant mutuellement... Du côté d'Hannibal, les Celtes auront encore une fois servi de « chair à canons ».

Dès qu'Hannibal eut levé le camp, quitté la zone de Fiésole et dépassé un peu le camp romain, pour envahir la contrée qui s'étendait devant lui, Flaminius en fut tout à fait indigné et rempli de fureur, parce qu'il se croyait personnellement méprisé par les adversaires. Après cela, lorsque la contrée fut ravagée et que la fumée qui s'élevait de partout en signala le pillage, il en fut ulcéré, considérant ce qui se produisait comme terrible. C'est pourquoi, alors que certains de ses officiers étaient d'avis qu'il ne fallait pas suivre témérairement Hannibal, ni engager la lutte avec les ennemis, mais se tenir sur ses gardes, faire attention à la multitude des cavaliers carthaginois et, par-dessus tout, attendre l'autre consul pour risquer le combat ensemble, avec toutes les légions réunies en une seule et même armée, non seulement il ne prêta aucune attention à ce qu'on lui disait, mais il ne supporta même pas d'écouter ceux qui lui donnaient ces avis. Au contraire, il les exhorta à imaginer ce que, vraisemblablement, on dirait dans la patrie, si toute la contrée était pillée presque jusqu'à Rome même, tandis qu'eux camperaient en Étrurie derrière les ennemis. Finalement, quand il eut dit cela, il leva le camp et s'avança avec son armée, sans prévoir de moment ni de lieu, impatient seulement de tomber sur les ennemis, comme si la victoire était pour eux, Romains, tout à fait certaine. Il avait par avance inspiré un tel espoir aux populations que les hommes en armes étaient moins nombreux que les civils qui suivaient en vue du butin, transportant chaînes et entraves et tout le matériel de cette sorte. Hannibal allait de l'avant en direction de Rome, à travers l'Étrurie, avec, à gauche, la ville nommée Cortone et ses montagnes, à droite, le lac appelé Trasimène. Tout en avançant, il incendiait et pillait la contrée, car il voulait exaspérer la fureur des adversaires. Mais, lorsqu'il eut constaté que Flaminius le rejoignait déjà et qu'il eut repéré une position favorable, il se prépara à risquer le combat.

Il y avait sur sa route un vallon au sol plat, bordé de chaque côté, dans sa longueur, par des collines élevées et continues, et au fond, en face, dans sa largeur, par une hauteur naturellement fortifiée et difficilement accessible, et à l'arrière par le lac qui ne laissait qu'un passage tout à fait étroit, le long de la paroi rocheuse, en direction du vallon. Hannibal longea le lac, entra dans le vallon, le parcourut d'un bout à l'autre et occupa lui-même la hauteur qui, au fond, se dressait en travers de sa marche. Il installa son camp là, ayant avec lui les Ibères et les Africains. Il détacha les Baléares et les lanciers de l'avant-garde, les dépêcha derrière les collines bordant le vallon à droite, et les déploya en une longue ligne. De même, il fit faire aux cavaliers et aux Celtes le tour des collines de gauche et les déploya en une ligne continue, de manière que les derniers fussent au bord de la route qui, passant entre le lac et la paroi rocheuse, menait dans le vallon. Hannibal prit donc ces dispositions de nuit et, après avoir cerné le vallon de ses embuscades, il demeura tranquille. Mais Flaminius suivait par derrière, impatient de rejoindre l' ennemi. La veille de la bataille, il avait établi son camp près du lac, très tard dans la soirée. Après cela, le jour suivant, dès l'aube, il mena l'avant-garde le long du lac jusque dans le vallon situé au pied des collines, car il voulait assaillir les ennemis.

Le temps était particulièrement brumeux. Lorsque la plus grande partie de la colonne adverse eut pénétré dans le vallon et que l'avant-garde fut désormais presque au contact avec lui, aussitôt Hannibal donna le signal et le fit transmettre aux hommes des embuscades qui, de partout à la fois, attaquèrent les ennemis. Pour Flaminius, cette apparition était inattendue et, en outre, il était difficile pour lui d'avoir une vue d'ensemble de la situation dans ce brouillard. À partir de leurs positions dominantes, les ennemis dévalaient les pentes et tombaient de tous côtés à la fois sur la colonne, de telle sorte que les centurions et les tribuns romains non seulement ne pouvaient pas porter secours aux leurs là où ils en avaient besoin, mais ne pouvaient même pas comprendre ce qui se passait. En tête, en queue et sur les flancs, les ennemis tombaient sur eux et les leurs. C'est pourquoi, la plupart furent taillés en pièces dans l'ordre de marche, sans pouvoir se défendre et comme s'ils avaient été livrés d'avance aux ennemis par le manque de discernement de celui qui était à leur tête. Ils étaient encore en train de délibérer sur ce qu'ils devaient faire qu'ils périssaient. C'est à ce moment que Flaminius lui-même, consterné et désespérant de l'ensemble de la situation, fut tué par quelques Celtes tombant sur lui par surprise. Dans ce vallon tombèrent près de quinze mille Romains, qui n'avaient pu ni céder devant les circonstances ni accomplir aucune action, parce que, selon la coutume, ils avaient fait le plus grand cas de ce principe : ni fuite, ni abandon de poste.

À l'arrière-garde, les hommes furent enfermés dans les défilés entre le lac et la paroi rocheuse et trouvèrent une mort honteuse et encore plus misérable. Ils furent, en effet, tous refoulés dans le lac où les uns, perdant la raison, se jetèrent à la nage avec leurs armes et se noyèrent, les autres, le plus grand nombre, s'avancèrent tant qu'ils eurent pied, puis se tinrent immobiles, en maintenant la tête seule hors de l'eau ; mais, quand les cavaliers ennemis survinrent, leur perte ne faisant plus aucun doute, ils levèrent les bras au ciel et supplièrent qu'on les prît vivants, en poussant toutes sortes de cris. Finalement, ils trouvèrent la mort sous les coups des ennemis ; quelques-uns, s'exhortant eux-mêmes, se donnèrent la mort. Parmi ceux qui s'étaient introduits dans le vallon, six mille peut-être réussirent à l'emporter sur les ennemis qui les assaillaient de face, mais ne purent porter secours aux leurs ni tourner les adversaires, faute d'apercevoir ce qui se passait – et ce alors qu'ils auraient pu rendre de grands services pour l'issue de la bataille. Comme ils aspiraient à aller toujours droit devant eux, ils avancèrent, même s'ils étaient persuadés qu'ils tomberaient sur des ennemis ; mais, au bout d'un certain temps, sans s'en rendre compte, ils sortirent du vallon et gagnèrent les hauteurs. Quand ils furent sur les crêtes, le brouillard étant désormais dissipé, ils comprirent le désastre qui venait de se produire. Ils ne pouvaient plus rien faire, étant donné que, dorénavant, les ennemis maîtrisaient l'ensemble de la situation et occupaient tout le terrain ; par conséquent, ils se regroupèrent et se retirèrent dans un bourg d'Étrurie. Après la bataille, Hannibal dépêcha contre eux Maharbal avec les Ibères et les lanciers pour investir le bourg ; pressés par diverses difficultés, ils déposèrent les armes et se rendirent sous la condition qu'ils auraient la vie sauve. C'est de cette manière que se termina le combat qui, en Étrurie, mit aux prises l'ensemble des forces romaines et carthaginoises.

Quand on lui eut amené ceux qui s'étaient rendus sous condition, ainsi que les autres prisonniers, Hannibal les réunit tous – ils étaient plus de quinze mille – et, en premier lieu, il leur fit savoir que Maharbal n'était pas le maître, sans son propre agrément, de pourvoir à la sécurité de ceux qui s'étaient rendus sous condition ; après cela, il prononça un réquisitoire contre les Romains. Quand il eut cessé, il répartit tous les Romains qui avaient été capturés entre ses unités, avec mission de les garder, mais renvoya dans leurs foyers, sans demander de rançon, tous les alliés, en leur tenant le même discours que précédemment, à savoir qu'il était venu combattre non les Italiens, mais les Romains pour la liberté des Italiens. Il fit reposer son armée et donner une sépulture aux morts les plus fameux de son armée, qui étaient au nombre d'une trentaine. Au total, il était tombé dans les quinze cents hommes, des Celtes pour la plupart. Quand il eut réglé cela, il délibéra avec son frère et ses amis pour savoir où et comment il fallait pousser l'offensive, désormais confiant en l'issue de la guerre.

Polybe, Histoires, 3, 82 - 85, 6

À Rome, c'est la consternation. Le peuple est réuni en assemblée. Que faire ?

À Rome, dès que tomba la nouvelle de la défaite qu'on venait d'essuyer, les chefs de la cité ne purent ni dissimuler ni minimiser la gravité de la situation étant donné l'ampleur du désastre. Ils furent obligés de réunir le peuple en assemblée pour avouer à la population ce qui s'était passé. C'est pourquoi, quand, de la tribune des rostres, le préteur eut déclaré à la foule : « Nous sommes vaincus dans une grande bataille », il se produisit aussitôt une telle consternation que, pour ceux qui avaient vécu chacune des deux journées, la situation parut beaucoup plus grave alors qu'au moment même de la bataille. Et, en fait, c'était logique : ils n'avaient pas connu de défaite écrasante, depuis longtemps, et ignoraient à la fois le mot et la chose, de telle sorte qu'ils ne supportèrent ni avec mesure ni dans la dignité ce revers. Cependant, ce ne fut certes pas le cas du sénat : s'en tenant aux calculs qui s'imposaient, il délibéra pour savoir comment chacun devrait réagir et ce que chacun devrait faire à l'avenir.

Polybe, *Histoires*, 3, 85, 7-10

Comble de malheur, les troupes de secours envoyées par le deuxième consul à son collègue Flaminius se font tailler en pièces.

Au moment de la bataille, le consul Cnaeus Seruilius, qui protégeait le territoire d'Ariminum, – lequel est au bord de l'Adriatique, là où les plaines de la Gaule cisalpine rejoignent le reste de l'Italie, non loin de l'embouchure du Pô –, apprenant qu'Hannibal avait envahi l'Étrurie et campait en face de Flaminius, entreprit de rejoindre lui-même son collègue avec toutes ses légions. Mais, comme il n'y parvenait pas à cause de la lourdeur de son armée, il dépêcha en avant en toute hâte Caius Centenius avec quatre mille cavaliers, car il voulait, si les circonstances l'exigeaient, qu'ils interviennent avant sa propre arrivée. Quand on eut annoncé à Hannibal, après la bataille, que des renforts adverses approchaient, il dépêcha Maharbal avec les lanciers et une partie des cavaliers. Ceux-ci se heurtèrent à Caius, lui tuèrent dès le premier choc presque la moitié de ses hommes et poursuivirent les survivants qui se réfugièrent sur une colline, mais furent tous faits prisonniers le lendemain.

Polybe, *Histoires*, 3, 86, 1-5

CONTRE FABIUS MAXIMUS

À Rome, on pense à nommer un dictateur pendant qu'Hannibal dépasse Rome en semant la terreur. Pourquoi n'a-t-il pas tenté de prendre la ville ? Mystère.

À Rome, où on avait annoncé deux jours auparavant l'issue de la bataille et où la douleur était alors, pour ainsi dire, particulièrement cuisante, le nouveau revers qui venait s'ajouter au précédent démoralisa non seulement le peuple, mais aussi le sénat lui-même. C'est pourquoi, on recourut à des mesures plus radicales pour faire face à la conjoncture actuelle et on suspendit l'administration des affaires par des magistrats élus annuellement : on pensait que les affaires et les circonstances présentes exigeaient la nomination d'un chef investi des pleins pouvoirs.

Hannibal, quoiqu'il fût désormais confiant en l'issue de la guerre, renonça pour le moment à s'approcher de Rome et marcha en direction de l'Adriatique en ravageant impunément la contrée par laquelle il faisait route. Traversant les territoires qu'on appelle l'Ombrie et le Picénum, il arriva le dixième jour dans la zone de l'Adriatique, maître d'un butin si abondant que son armée ne pouvait plus ni pousser devant elle ni transporter ses prises. Et il avait tué en chemin un grand nombre d'hommes. En effet, comme lorsqu'on prend une ville, il avait alors fait passer l'ordre de faire périr tous les hommes en âge de porter les armes qui tomberaient entre ses mains. Il agissait ainsi à cause de sa haine invétérée envers les Romains.

Polybe, *Histoires*, 3, 86, 6-11

Hannibal est maître de l'Italie jusqu'à l'Adriatique. Mais au prix de mille souffrances. Le chef a perdu un œil et tous ses éléphants. Ses hommes et ses chevaux sont malades. Mais ils ont atteint le paradis et les bords de mer. À Carthage, on est heureux de donner les pleins pouvoirs à Hannibal le vainqueur.

Dans ces circonstances, il installa son camp au bord de l'Adriatique, en une contrée regorgeant de tous les fruits de la terre, puis il prit grand soin du repos et de la santé de ses hommes, et tout autant de ses chevaux. En effet, le froid et le manque d'huile – étant donné qu'il avait pris ses quartiers d'hiver en rase campagne dans les territoires de la Gaule cisalpine –, et après cela, la marche à travers les marais et ses souffrances avaient provoqué chez presque tous les chevaux et chez les hommes ce qu'on appelle la gale de la faim ou une cachexie identique. C'est pourquoi, maître d'une contrée prospère, il redonna des forces à ses chevaux et raffermit les corps et les âmes de ses soldats. Il changea l'armement des Africains qu'il équipa à la manière romaine, à l'aide d'armes choisies parmi tant de dépouilles dont il était détenteur. Dans ces circonstances aussi, il dépêcha des messagers par voie de mer pour faire savoir à Carthage ce qui s'était passé. C'était alors, en effet, la première fois qu'il atteignait la mer depuis qu'il avait envahi l'Italie. Les Carthaginois se réjouirent grandement de ce qu'ils apprirent et se montrèrent fort empressés et prévoyants pour aider Hannibal par tous les moyens dans ses opérations d'Italie et d'Ibérie.

Polybe, *Histoires*, 3, 87, 1-5

Du côté des Romains, on tente de stopper le désastre en nommant un dictateur, comme dans les moments exceptionnels de leur histoire où l'État et le pays sont en danger.

Les Romains désignèrent comme dictateur Quintus Fabius[1], homme d'un remarquable bon sens et foncièrement honnête. En tout cas, de nos jours encore, les membres de cette maison étaient surnommés Maximi, c'est-à-dire Très-Grands, à cause des succès et des exploits de cet homme illustre. Voici la différence qu'il y a entre le dictateur et les consuls : chacun des deux consuls est accompagné de douze licteurs, le dictateur de vingt-quatre. Ceux-là, en maintes circonstances, ont besoin du sénat pour faire aboutir leurs projets ; celui-ci est un chef investi des pleins pouvoirs et, dès qu'il est désigné, toutes les magistratures sont de ce fait suspendues à Rome, sauf celle des tribuns de la plèbe. En même temps que le dictateur, les Romains désignèrent comme maître de cavalerie Marcus Minucius. Ce magistrat est placé sous les ordres du dictateur, mais il devient en quelque sorte son suppléant dans l'exercice du pouvoir, quand celui-ci est retenu par d'autres affaires.

Polybe, *Histoires*, 3, 87, 6-9

1. Q. Fabius Maximus (Verrucosus), le grand rival d'Hannibal dont on ignore la date de naissance, mort en 203, était sûrement l'un des sénateurs les plus en vue de l'assemblée à l'époque : pourtant, son premier consulat ne datait que de 233, année où il remporta sur les Ligures une victoire qui lui valut les honneurs du triomphe ; censeur en 230, consul bis en 228, peut-être déjà dictateur une première fois en 221, il avait été envoyé comme ambassadeur à Carthage en 218. Après sa dictature de 217 qui, en raison de la stratégie appliquée, a incontestablement constitué le tournant de la guerre en Italie et lui a valu le surnom de Cunctator, il devait exercer trois autres consulats en 215, 214 et 209, reprenant cette année-là aux Carthaginois la ville de Tarente. Il fut *princeps Senatus* en 209 et en 204. Le personnage a joui dès l'Antiquité d'une grande réputation : Cicéron fait déclarer à Caton l'Ancien qu'il admire à la fois sa culture et sa sagesse tandis que Plutarque dans ses *Vies* le compare à Périclès que l'on tenait pour l'un des plus grands hommes d'État de la Grèce ancienne.

Hannibal soigne ses chevaux et ses hommes et les envoie dévaster les terres de nombreux peuples italiens.

Hannibal, tout en déplaçant par brèves étapes la position de son camp, séjournait dans la contrée, au bord de l'Adriatique. Il fit baigner les chevaux dans du vin vieux, étant donné l'abondance de la production, et soigna ainsi leur cachexie et leur gale. De même, il guérit les hommes qui étaient blessés et redonna aux autres vigueur et impétuosité pour les opérations à venir. Il parcourut et pilla l'*ager Praetuttianus* et celui d'Hadria, ainsi que le territoire des Marrucini et celui des Frentani ; puis il repartit et fit route en direction de l'Apulie. Cette contrée est divisée en trois secteurs, portant trois noms différents : celui dit des Daunii, celui dit des Peucetii et celui dit des Messapii. Ce fut la Daunie qu'il envahit la première. Il ravagea ce territoire en commençant par Luceria, une colonie des Romains. Après cela, il établit son camp près de la ville appelée Vibinum, et de là il lança des raids contre Arpi et dévasta impunément toute la Daunie.

Polybe, Histoires, 3, 88, 1-6

Fabius rassemble ses troupes et donne ses ordres.

Dans ces circonstances, Fabius, après son investiture, offrit des sacrifices aux dieux et s'élança avec son adjoint à la tête de quatre légions levées pour l'occasion. Il opéra en Daunie sa jonction avec les troupes venues en renfort d'Ariminum ; il releva de son commandement de l'armée de terre le consul Cnaeus placé sous ses ordres et le dépêcha à Rome avec une bonne escorte, en lui enjoignant, si les Carthaginois faisaient quelque mouvement par mer, de se porter chaque fois au secours des points menacés. Il prit lui-même, avec son adjoint, le commandement de toutes les troupes et campa face aux Carthaginois, près de la ville appelée Aecae, à une distance d'environ cinquante stades[2] des ennemis.

Polybe, *Histoires*, 3, 88, 7-9

Hannibal fait le fanfaron et Fabius joue la prudence et la sagesse.

Hannibal, apprenant l'arrivée de Fabius, voulut d'emblée frapper d'effroi les adversaires. Il fit sortir son armée et, s'approchant tout près du retranchement romain, il la rangea en bataille. Il attendit quelque temps, mais comme personne ne sortait et ne s'avançait contre lui, il se retira dans son camp. Fabius était, en effet, résolu à ne pas s'exposer et à ne pas risquer le combat, mais à assurer d'abord et avant tout la sécurité des hommes placés sous ses ordres ; et il s'en tenait fermement à cette stratégie. Au début, donc, il fut méprisé et vilipendé, parce que, estimait-on, c'était un poltron que l'idée du combat frappait d'effroi. Mais, avec le temps, il obligea tout le monde à reconnaître et à avouer que personne n'aurait été capable d'user des circonstances dans lesquelles on se trouvait alors avec plus de raison et de sagesse. Bientôt les événements confirmèrent ses calculs. Et c'était logique : les soldats des troupes adverses, en fait, s'étaient continuellement exercés depuis leur plus jeune âge aux travaux guerriers, ils s'étaient donné un chef élevé parmi eux et habitué dès l'enfance aux opérations en rase campagne, ils avaient gagné de nombreuses batailles en Ibérie et vaincu deux fois de suite les Romains et leurs alliés, mais principalement, comme ils avaient renoncé à tout, leur seul espoir de salut résidait dans la victoire, tandis que, pour l'armée romaine, il en allait tout autrement. C'est pourquoi, Fabius ne pouvait courir le risque d'un combat décisif, la défaite étant tout à fait certaine. Il se rabattit,

2. 9 km.

suivant ses calculs, sur ses propres avantages, s'y cantonna et mena ainsi la guerre. Ces avantages dont jouissaient les Romains consistaient en des ressources inépuisables et une multitude de troupes.

Polybe, *Histoires*, 3, 89

Fabius suit de près la progression d'Hannibal.

C'est pourquoi, au cours de la période qui suivit, Fabius marchait toujours parallèlement aux ennemis et occupait d'avance les positions qu'il savait par expérience favorables. Abondamment pourvu d'approvisionnements sur ses arrières, jamais il ne permettait à ses soldats de fourrager et pas une seule fois de s'écarter du retranchement ; il les gardait toujours groupés, en ordre serré, et se tenait à l'affût des positions ainsi que des occasions propices. Beaucoup d'ennemis qui se laissaient entraîner loin de leur propre camp pour le fourrage et par mépris envers lui, tombèrent entre ses mains et furent tués de cette manière. Il agissait ainsi car il voulait, d'une part, réduire toujours davantage les effectifs déjà limités des adversaires et, d'autre part, raffermir et relever peu à peu par des succès partiels le moral de ses propres troupes, qui avait été abattu par les désastres précédents. Sans aucun doute, il ne pouvait nullement courir le risque d'une bataille qui déciderait de la guerre. Cependant, rien de tout cela, en vérité, ne plaisait à son adjoint Marcus, lequel, se ralliant à l'avis de la troupe, dénigrait Fabius devant tout le monde, sous prétexte qu'il menait les opérations avec lâcheté et paresse, tandis que lui-même brûlait de s'exposer et de risquer le combat.

Polybe, *Histoires*, 3, 90, 1-6

Sans se soucier de son suiveur, Hannibal pille impunément les richesses de l'Italie jusqu'à la plaine de Capoue la fertile et la riche, sous les yeux des Romains qui ne peuvent bouger...

Cependant à cet instant de la guerre, « aucune cité d'Italie n'avait fait défection et n'était passée aux Carthaginois ».

Les Carthaginois ravagèrent ces territoires, puis passèrent l'Apennin et envahirent le Samnium, contrée prospère et depuis longtemps épargnée par la guerre. Ils y vécurent au milieu d'une telle abondance de vivres qu'ils ne purent, ni en l'utilisant ni en le gaspillant, venir à bout de leur butin. Ils lancèrent aussi des raids contre Bénévent, colonie des Romains. Ils prirent encore Venouse, une ville non fortifiée, regorgeant d'une profusion d'équipements de toutes sortes. Les Romains suivaient sans relâche par derrière, à une distance d'une journée ou deux de marche, mais, en vérité, sans avoir le droit de s'approcher des ennemis et d'engager le combat contre eux. C'est pourquoi, voyant que Fabius évitait manifestement la bataille, mais ne quittait pas du tout le terrain, Hannibal se dirigea avec audace vers la plaine de Capoue et, en particulier, vers le territoire dit de Falerne, persuadé que, de deux choses l'une, ou il contraindrait les ennemis à combattre ou il montrerait à tout le monde qu'il contrôlait tout à fait la situation et que les Romains lui cédaient le terrain. Cela fait, il espérait frapper les cités de stupeur et les pousser à abandonner le parti des Romains. En effet, jusqu'alors, quoique ceux-ci eussent déjà été vaincus dans deux batailles, aucune cité d'Italie n'avait fait défection et n'était passée aux Carthaginois ; mais toutes demeuraient fidèles, même si certaines d'entre elles étaient en fâcheuse posture. On pourrait juger par là de l'admiration et de l'estime des alliés pour la république romaine.

Polybe, *Histoires*, 3, 90, 7-14

PRIS AU PIÈGE

Hannibal, attiré malgré lui par le butin, entre dans un piège naturel dont la richesse et la beauté sont convoitées des dieux.

Néanmoins, Hannibal ne se trompait pas en faisant ces calculs. En effet, la plaine de Capoue est la plus fameuse d'Italie pour sa fertilité, pour sa beauté, pour sa situation au bord même de la mer et pour la présence de ces ports de commerce où abordent tous ceux qui, venant du monde entier ou presque, se rendent en Italie par mer. Elle compte les villes les plus fameuses et les plus belles d'Italie. Son littoral est occupé par les habitants de Sinuessa, de Cumes, de Pouzzoles, en outre par ceux de Naples, enfin par le peuple de Nuceria ; à l'intérieur, au nord, sont installés les habitants de Cales et de Teanum, à l'est et au midi, les Dauniens et les habitants de Nola. Au milieu de la plaine se trouve située la plus opulente de toute les villes qui aient jamais été, Capoue. Les traditions rapportées par les mythographes à propos de cette plaine appelée Champs phlégréens, comme d'autres plaines fameuses, lui conviennent tout à fait. Étant donné sa beauté et sa fertilité, il est certes parfaitement logique que les dieux s'en soient disputé la possession. Outre ces avantages, cette plaine semble naturellement fortifiée et très difficile à envahir. Elle est bordée d'un côté par la mer et de l'autre, c'est-à-dire sur la plus grande partie de son pourtour, par des montagnes partout élevées, formant une chaîne ininterrompue qu'on ne peut franchir, quand on vient de l'intérieur, que par trois passages étroits et difficiles : l'un du côté du Samnium, le deuxième du côté de l'Éribian et

le dernier du côté du territoire des Hirpins. C'est pourquoi, en transportant leur camp dans ce site comparable
à un théâtre, les Carthaginois devaient frapper de stupeur
tout le monde par leur apparition inattendue et montrer le
spectacle de leurs ennemis fuyant la bataille, tandis qu'ils
s'exhiberaient eux-mêmes comme les maîtres incontestés
de la rase campagne.

Suivant ces calculs, Hannibal quitta le Samnium, franchit les défilés du mont appelé Éribian et installa son camp
au bord du fleuve du Vulturne, qui divise la plaine susdite
en deux parties à peu près égales. Il avait son camp sur la
rive qui se trouve du côté de Rome. De là, il répandit ses
escouades de fourrageurs dans toute la plaine qu'il ravagea
impunément.

Fabius restait frappé de stupeur devant l'audace de l'entreprise adverse, mais s'en tenait d'autant plus à sa décision.
Son adjoint Marcus, ainsi que tous les tribuns et centurions
de l'armée, pensant qu'ils avaient pris les ennemis dans un
beau piège, étaient d'avis qu'il fallait se hâter de gagner la
plaine et ne pas laisser dévaster la contrée la plus fameuse
sans réagir. Fabius gagna en toute hâte cette zone et feignit
de partager les dispositions impétueuses et téméraires de
ses officiers ; pourtant, quand il fut près de Falerne, il se
contenta de se montrer à flanc de montagne et de marcher
parallèlement aux ennemis, de manière à ne pas donner à
croire à ses alliés qu'il cédait la rase campagne. Mais il ne
fit pas descendre son armée dans la plaine, évitant les combats décisifs pour les raisons précédentes et parce que les
adversaires avaient manifestement une supériorité écrasante
en cavalerie.

Lorsque Hannibal, à force de ravager toute la plaine pour
provoquer les ennemis, eut rassemblé une masse énorme
de butin, il se prépara à lever le camp, car il ne voulait pas
gaspiller le butin, mais le mettre en un lieu sûr où il pourrait
prendre ses quartiers d'hiver, afin de procurer à son armée

non seulement une bonne chère pour le présent, mais des vivres toujours abondants par la suite. Comprenant le projet qu'Hannibal avait formé de s'en retourner par où il s'était introduit, et constatant que le terrain était resserré et, par sa disposition, extrêmement favorable pour une attaque, Fabius posta à la hauteur même du passage environ quatre mille hommes qu'il exhorta à faire preuve d'impétuosité, quand le moment serait venu, et à profiter de la disposition favorable du terrain ; lui-même, avec la plus grande partie de son armée, établit son camp sur un mont qui dominait l'entrée des défilés.

Polybe, *Histoires*, 3, 91 - 92

Hannibal est pris au piège. Comment va-t-il s'en sortir ? Les deux chefs se jaugent, tentent de deviner les ruses. C'est à celui qui trompera l'autre...

Les Carthaginois survinrent et dressèrent leur camp dans la plaine, au pied même de la paroi rocheuse, ce qui fit espérer à Fabius qu'il leur arracherait leur butin sans rencontrer de résistance et, par-dessus tout, qu'il mettrait fin à la guerre grâce à la configuration propice du terrain. Il s'y prépara donc en délibérant sur les questions suivantes, à savoir par où et comment il profiterait de sa position, lesquels de ses hommes assailliraient d'abord les adversaires et de quel côté. Mais, tandis que les ennemis faisaient ces préparatifs pour le lendemain, Hannibal, raisonnant à partir des hypothèses les plus vraisemblables, ne leur laissa ni le temps ni le loisir d'exécuter leur projet. Il convoqua Asdrubal[1], l'officier commandant les sapeurs, et lui donna l'ordre de fabriquer de toute urgence, avec des bois secs de toutes sortes liés en fagots, le plus grand nombre possible

---

1. C'est le troisième personnage de ce nom après le signataire du traité de l'Èbre, Asdrubal le Beau, et le frère d'Hannibal.

de torches, de choisir dans tout le butin les bœufs de labour les plus robustes et d'en rassembler dans les deux mille devant le camp. Cela fait, il réunit les hommes du génie, leur montra un col, situé entre son camp et les défilés par lesquels il devait faire route et leur ordonna de pousser dans cette direction, quand ils en auraient reçu le signal, les bœufs énergiquement et avec vigueur jusqu'à ce qu'ils eussent gagné les crêtes. Après cela, il fit passer l'ordre à tous ses soldats de dîner et de se coucher de bonne heure. Dès la fin de la troisième veille[2], il fit sortir du camp les sapeurs et leur ordonna d'attacher les torches aux cornes des bœufs. Cela fut vite fait étant donné le nombre des hommes. Alors il leur donna l'ordre d'allumer toutes les torches et leur enjoignit de pousser les bœufs en avant et de les diriger vers les sommets.

Polybe, *Histoires*, 3, 93, 1-8

Tite-Live ajoute :

La peur de la flamme brillant sur leur tête, la chaleur qui gagnait déjà la chair vive, à la base des cornes, rendait ces animaux comme fous et les poussait. Quand, soudain, ils coururent de tous côtés, comme si l'on avait mis le feu aux forêts et aux montagnes, toutes les branches des environs parurent brûler ; et en secouant vainement leurs têtes – ce qui attisait la flamme – ils offraient l'apparence d'hommes courant çà et là.

Tite-Live, *Histoire romaine*, 22, 17, 3

2. La nuit, chez les Romains, était divisée en quatre tours de garde ou veilles évidemment d'une durée plus courte l'été que l'hiver. Au mois de septembre, la fin de la troisième veille tombe vers 3 heures du matin.

*Reprenons le récit de Polybe dont l'abondance et la précision
des détails indiquent que sa source est carthaginoise.*

Il plaça derrière eux les lanciers qui reçurent les instructions suivantes : ils devaient seconder quelque temps
ceux qui poussaient les bœufs en avant, puis, une fois que
les bêtes seraient lancées, courir sur les flancs du troupeau,
maintenir sa cohésion, s'accrocher aux positions dominantes et occuper vite les sommets, de manière à en assurer la
défense et à engager le combat contre les ennemis, au cas où
ils en rencontreraient quelque part vers les cols. Lui-même,
alors, rangea en avant les fantassins lourds, derrière eux les
cavaliers, à leur suite le butin, en arrière de tout le monde
les Ibères et les Celtes ; puis, prenant son armée avec lui, il
s'avança vers les défilés qui servaient d'issue.

Dès qu'ils virent les lumières se diriger vers les cols, les
Romains qui gardaient les défilés, pensant qu'Hannibal
faisait une sortie de ce côté, abandonnèrent les goulets pour
assurer la défense des crêtes. Mais plus ils se rapprochaient
des bœufs, plus ils étaient embarrassés par les lumières : ils
imaginaient et redoutaient quelque chose de plus grave et
de plus terrible que ce qui se produisait réellement. Quand
les lanciers survinrent, on se livra des deux côtés à des escarmouches, un bref moment, puis les bœufs se jetèrent entre
les deux partis qui se séparèrent et restèrent sur les crêtes
en attendant patiemment l'arrivée du jour, parce qu'ils ne
parvenaient pas à comprendre ce qui se passait. Fabius,
embarrassé de ce qui se produisait, « pressentit qu'il y avait
ruse », comme dit le Poète[3], mais, d'autre part, conformément à sa résolution initiale, il décida que, à aucun prix, il
ne jouerait la partie aux dés, ni ne risquerait le tout pour le

3. Citation du second hémistiche des vers 232 et 258 du chant
X de l'*Odyssée*. La référence compare implicitement Fabius à Eury-
loque et Hannibal à Circé, maîtresse des porcs, tout comme le Carthaginois
est à la tête d'une troupe de bœufs.

tout. Il demeura donc tranquille dans son retranchement et attendit le jour. Les choses se déroulant alors pour lui selon le plan prévu, Hannibal fit passer en toute sécurité par les défilés son armée, ainsi que le butin, car ceux qui montaient la garde aux goulets avaient quitté leurs positions. Mais, au point du jour, apercevant les ennemis postés sur les crêtes face à ses lanciers, il dépêcha des Ibères qui engagèrent le combat et abattirent un millier de Romains, puis recueillirent facilement dans leurs lignes les fantassins légers de leur parti et redescendirent avec eux.

Polybe, *Histoires*, 3, 93, 9 - 94, 6

Hannibal s'en sort. Sa ruse a fonctionné. Fabius rend son commandement.

C'est ainsi qu'Hannibal sortit du territoire de Falerne. Il campa désormais en toute sécurité, examinant avec soin les lieux, prévoyant où et comment il prendrait ses quartiers d'hiver. Il venait de provoquer une grande frayeur et beaucoup d'embarras parmi les cités et les peuples d'Italie. Fabius fut critiqué par la plupart de ses hommes qui lui reprochaient d'avoir, par lâcheté, laissé les adversaires s'échapper d'une telle souricière ; cependant il ne renonça pas du tout à son dessein. Obligé, quelques jours plus tard, de se rendre à Rome pour certains sacrifices, il remit le commandement des légions à son adjoint et, en le quittant, lui donna comme instructions de s'efforcer non pas tant de faire du tort aux ennemis que d'éviter tout dommage pour ses hommes. Marcus n'en tint même pas le moindre compte et Fabius lui parlait encore de cela qu'il était déjà tout entier prêt à s'exposer et à risquer le combat.

Polybe, *Histoires*, 3, 94, 7-10

LA BATAILLE DE CANNES

Août 216

Sur le front ibère, Cnaeus tente de bloquer les renforts d'Hamilcar qui embarquent pour l'Italie à l'embouchure de l'Èbre.

Carthage réagit et envoie des renforts vers Pise. Le vent tourne et les Romains reprennent peu à peu le territoire ibère. Ce territoire que Carthage ne doit absolument pas perdre, opulent et abondant pourvoyeur de combattants pour alimenter la guerre en Italie.

En Apulie, Hannibal organise ses quartiers d'hiver. Nécessité permanente de nourrir ses hommes en pillant les territoires. Et de trouver au bon moment la ville pour hiberner en sécurité et sans mourir de faim.

Le général Hannibal, là où nous l'avions laissé, fut informé par ses éclaireurs qu'il y avait une très grande abondance de vivres sur le territoire de Luceria et sur celui de la cité appelée Gerounion, et que cette place était favorablement située pour servir d'entrepôt. Il décida d'y prendre ses quartiers d'hiver et s'avança vers cette zone, en faisant route le long de la chaîne du mont Tiburne. Arrivé devant Gerounion – qui est à une distance de deux cents stades[1] de Luceria – tout d'abord il entra en pourparlers avec les habitants, cherchant à gagner leur amitié et donnant des gages à l'appui de ses promesses ; mais, comme personne ne l'écoutait, il résolut de prendre la place d'assaut. Il s'en rendit vite maître et fit périr les habitants, mais garda intactes la plupart des maisons, ainsi que les remparts, car il voulait s'en servir de greniers pour l'hiver. Il établit son armée devant la ville et fortifia son camp au moyen d'un fossé et d'une palissade.

1. 35 km.

Après s'être acquitté de cette tâche, il envoya les deux tiers de son armée fourrager, en prescrivant à chaque homme de rapporter chaque jour une quote-part fixe de grain, destinée à la contribution que son unité devait remettre aux officiers chargés du ravitaillement ; le dernier tiers lui servit à garder le camp et couvrir les fourrageurs de place en place. Le territoire de Gerounion étant essentiellement une plaine, facile à parcourir, le nombre de ceux qui collectaient étant, pour ainsi dire, incalculable et, en outre, la saison battant son plein pour la récolte, la masse de grain recueillie chaque jour était en fait énorme.

Polybe, *Histoires*, 3, 100

C'est au tour de Marcus, le nouveau chef, de prouver ce qu'il vaut devant cet ennemi insaisissable.

Après avoir reçu de Fabius le commandement des troupes, Marcus s'était tout d'abord avancé sur les crêtes parallèlement aux Carthaginois, croyant toujours qu'il se heurterait à eux une fois ou l'autre au passage des cols. Mais, apprenant qu'Hannibal occupait déjà Gerounion, qu'il fourrageait dans la campagne et qu'il avait dressé un camp retranché devant la ville, il quitta les crêtes et descendit par une arête menant jusqu'à la plaine. Il atteignit un mont situé sur le territoire de Larinum et appelé Calénè, au pied duquel il installa son camp. Il était, de toute manière, prêt à engager le combat contre les ennemis. Hannibal, constatant que les Romains approchaient, laissa fourrager le tiers de son armée, prit les deux autres tiers avec lui et, s'avançant en direction des ennemis, à une distance de seize stades[2] de la ville, il établit un autre camp sur une éminence. Il voulait frapper d'effroi les adversaires et, en même temps, assurer la sécurité des fourrageurs. Après cela, comme il y avait entre les deux

2. 3 km.

armées une colline favorablement située, toute proche du camp ennemi qu'elle dominait, il y dépêcha, pendant qu'il faisait encore nuit, environ deux mille lanciers pour s'en emparer. Quand le jour fut survenu, Marcus s'en aperçut et fit sortir ses fantassins légers afin d'attaquer la colline. Il se produisit un violent accrochage et finalement les Romains l'emportèrent. Après cela, ils transférèrent leur camp tout entier en ce lieu. Comme le camp adverse se trouvait juste en face du sien, durant un certain temps, Hannibal retint auprès de lui la plus grande partie de son armée. Mais, au bout de plusieurs jours, il fut obligé d'en détacher une partie pour mener les bêtes au pâturage et une autre pour faire du fourrage ; car il s'efforçait, conformément à son plan primitif, de ne pas gaspiller le butin et de ramasser le plus de grain possible, afin qu'il y ait au cours des quartiers d'hiver abondance de toutes choses pour les hommes, mais non moins pour les bêtes de somme et les chevaux. En effet, parmi tous ses corps de troupes, c'était celui des cavaliers qui lui donnait le plus d'espoirs.

Polybe, *Histoires*, 3, 101

Avec plus de finesse, de déduction et de courage, Marcus et ses troupes prennent le dessus.

Dans ces circonstances, Marcus, constatant que la plus grande partie des adversaires s'étaient dispersés dans la campagne pour vaquer à ces tâches, choisit l'heure où le soleil était au zénith pour faire sortir son armée ; il s'approcha tout près du camp carthaginois et rangea ses fantassins lourds en ordre de bataille ; puis il divisa ses cavaliers et ses fantassins légers en escouades qu'il lança contre les fourrageurs avec ordre de faire aucun prisonnier. Hannibal se trouva plongé dans un grand embarras, car il n'avait pas assez de troupes pour sortir à la rencontre des ennemis rangés en ordre de bataille, ni pour porter secours à ses hommes éparpillés dans la campagne. Les Romains qui avaient été dépêchés contre les fourrageurs dispersés en tuèrent un grand nombre et ceux qui étaient rangés en ordre de bataille en vinrent finalement à un tel degré de mépris des Carthaginois qu'ils arrachèrent leur palissade et prirent presque d'assaut leur camp. Quoiqu'il fût en fâcheuse posture, Hannibal résista à la tempête, repoussant ceux qui s'approchaient et protégeant ainsi, non sans peine, son camp, jusqu'au moment où Asdrubal, prenant avec lui les hommes qui avaient fui de la campagne dans le retranchement de Gerounion et qui étaient dans les quatre mille, vint à la rescousse. Alors, retrouvant quelque courage, Hannibal fit une sortie, rangea son armée en ordre de bataille un peu en avant du camp et réussit, non sans peine, à détourner le danger présent. Marcus, après avoir tué beaucoup d'ennemis au cours de la mêlée devant le retranchement et en avoir fait périr encore plus dans la campagne, repartit alors avec de grands espoirs pour l'avenir. Mais les Carthaginois quittèrent leur camp retranché et Marcus revint le lendemain occuper la position. Hannibal, qui redoutait que les Romains ne prennent au cours de la nuit le retranchement de Gerounion laissé sans défense et ne deviennent maîtres des bagages et des réserves de vivres, avait en effet décidé de battre spontanément en retraite pour y camper de nouveau. Dès lors les Carthaginois fourragèrent avec plus de circonspection et de prudence, tandis que les Romains, au contraire, montraient plus de hardiesse et de témérité.

Polybe, *Histoires*, 3, 102

Cependant, dans Rome exaltée, on nomme un second dictateur. Du jamais vu !

À Rome, quand tomba la nouvelle du succès remporté – lequel était grossi par rapport à la vérité –, on fut au comble de la joie. En effet, en premier lieu, alors qu'on avait précédemment désespéré de l'ensemble de la situation, on entrevoyait maintenant comme une amélioration sensible ; en second lieu, on considérait l'inertie et l'abattement manifestés jusqu'alors par les légions comme dus non pas à la lâcheté de la troupe, mais à l'excès de circonspection du chef. C'est pourquoi, tout le monde accusait et blâmait Fabius de ne pas avoir su profiter des circonstances par manque d'audace, mais exaltait Marcus pour ce qui s'était produit, au point que se passa alors ce qui ne s'était jamais passé : on conféra les pleins pouvoirs à Marcus aussi, en croyant qu'il mettrait vite fin à la guerre. Et c'est ainsi qu'il y eut deux dictateurs pour les mêmes opérations, ce qui ne s'était jamais encore produit chez les Romains. Marcus, par suite de la faveur que lui témoignait la multitude et de l'autorité dont il avait été investi par le peuple, fut doublement poussé à prendre des risques et à faire preuve d'audace contre les ennemis. Mais Fabius revint auprès des troupes, nullement changé par ce qui s'était produit et s'en tenant encore plus fermement à sa décision initiale. Constatant que Marcus était gonflé d'orgueil, en rivalité avec lui pour tout et, dans l'ensemble, résolu à courir le risque d'un combat, il lui proposa de choisir entre les deux solutions suivantes : ou commander à tour de rôle ou se partager les troupes et utiliser chacun ses légions à sa guise. Marcus accueillant avec une joie extrême l'idée de la partition, ils se partagèrent la masse des troupes et campèrent séparément à une distance d'environ douze stades[3] l'un de l'autre.

Polybe, *Histoires*, 3, 103

Hannibal, en fin psychologue, va jouer avec la rivalité des deux dictateurs.

Hannibal, pour avoir interrogé les Romains faits prisonniers et observé le déroulement des opérations, savait

3. 2 km.

la rivalité entre les deux chefs, ainsi que l'impulsivité et la vanité de Marcus. C'est pourquoi, estimant que ce qui se produisait chez les adversaires ne jouait pas contre lui, mais pour lui, il s'occupa de Marcus, s'efforçant de rabattre son audace et de prévenir son impulsivité. Comme il y avait entre son camp et celui de Marcus une éminence susceptible de gêner chacun des deux partis, il résolut de s'en emparer ; mais, sachant avec certitude que, fort de son succès précédent, Marcus viendrait aussitôt repousser une telle offensive, il imagina le stratagème suivant. Autour de cette hauteur, le terrain était découvert, mais comportait de nombreux replis et creux de toutes sortes. Il envoya de nuit aux endroits les plus indiqués pour dresser des embuscades, par groupes de deux ou trois cents hommes, cinq cents cavaliers et, au total, dans les cinq mille fantassins armés à la légère. Afin qu'ils ne soient pas découverts au matin par les hommes partis au fourrage, il fit occuper la colline, dès le point du jour, par ses troupes légères. Marcus, constatant ce qui se passait et estimant que c'était une aubaine, dépêcha sur-le-champ ses fantassins légers, avec ordre de lutter et de combattre énergiquement pour cette position ; après eux, il dépêcha ses cavaliers et, à la suite, derrière eux, il menait lui-même, en ordre serré, ses fantassins lourds, comme il l'avait fait auparavant, exécutant en tout point la même manœuvre.

Le jour venait de poindre. Tous avaient l'attention et le regard attirés par les combattants de la colline et personne ne soupçonnait le piège tendu par les hommes embusqués. Hannibal dépêchait continuellement des renforts pour soutenir ceux de la colline et lui-même suivait de près avec les cavaliers et le reste de l'armée ; il se produisit bientôt un choc entre les deux cavaleries. À la suite de cela, du côté des Romains, les fantassins légers, pressés par la multitude des cavaliers ennemis, prirent la fuite, provoquant ainsi le désordre parmi les fantassins lourds. Au même moment, le signal fut donné aux hommes en embuscade qui surgirent

de toutes parts et tombèrent sur les Romains, de telle sorte
que ce n'était plus seulement l'infanterie légère, mais toute
l'armée qui se trouvait en grand péril. Dans ces circonstances,
Fabius, constatant ce qui se passait et redoutant un désastre
total, fit sortir ses troupes et, en toute hâte, vint à la rescousse
de ceux qui étaient en danger. Il eut vite fait de se rapprocher des hommes de Marcus, qui reprirent ainsi courage,
quoique l'ensemble de leur dispositif fût déjà rompu, et se
regroupèrent autour de leurs enseignes, puis battirent en
retraite et trouvèrent refuge à l'abri des troupes de Fabius.
Ils avaient perdu beaucoup de fantassins légers, plus encore
d'hommes des manipules, élite de leurs guerriers. Hannibal,
frappé de stupeur par le bon état et le bel ordre des légions
venues en renfort, renonça à la poursuite et à la bataille.

Pour ceux qui avaient participé au combat, il était manifeste que tout avait été perdu par la témérité de Marcus,
mais que tout avait été sauvé par la circonspection de Fabius,
cette fois-ci comme par le passé. À Rome, on se rendit
alors unanimement compte de la différence qu'il y a entre
précipitation, vaine gloire du simple soldat et prévoyance,
calcul du général qui reste de sang-froid et qui est doué
d'intelligence. Quoi qu'il en fût, les Romains, instruits par
les événements, jetèrent de nouveau une seule palissade et
campèrent tous ensemble. Désormais ils appliquèrent toute
leur attention à Fabius et aux ordres qu'il faisait passer. Les
Carthaginois creusèrent un fossé en travers du terrain situé
entre l'éminence et leur propre camp ; puis ils jetèrent une
palissade autour du sommet de la colline désertée et y pos-
tèrent une garde. Et désormais ils se préparèrent à prendre
leurs quartiers d'hiver en toute sécurité.

Polybe, *Histoires*, 3, 104 - 105

À Rome, quand arriva la nouvelle de ce qui s'était passé,
confirmée ensuite par des lettres venant, autant que des chefs

eux-mêmes, de nombreux soldats des deux armées, chacun, par ses éloges, éleva Maximus jusqu'au ciel. Sa gloire fut aussi grande chez Hannibal et les ennemis carthaginois ; alors seulement ils sentirent que c'était avec les Romains, et en Italie, qu'ils faisaient la guerre ; car, pendant les deux années précédentes, ils avaient tant méprisé généraux et soldats romains, qu'ils ne pouvaient croire être en guerre avec le même peuple à qui leurs pères avaient fait, auprès d'eux, une réputation formidable ; et, au retour de la bataille, Hannibal dit, à ce qu'on rapporte, qu'enfin ce nuage, qui restait d'ordinaire au sommet des monts, avait donné un orage et de la pluie.

Tite-Live, *Histoire romaine*, 22, 30, 7-10.

Année 216, Hannibal s'empare de Cannes au grand désarroi des Romains qui voient leur point de ravitaillement passer à l'ennemi. Le sénat joue son va-tout et décide de livrer bataille en engageant tout son contingent soit quatre vingt mille fantassins et six mille cavaliers y compris les auxiliaires commandé par les deux nouveaux consuls, Lucius Aemilius et Caius Terentius, et les deux précédents, Cnaeus Seruilius et Marcus Régulus.

Au cours de l'hiver et du printemps, les deux armées persistèrent à camper l'une en face de l'autre ; mais, dès lors qu'on fut en mesure de se ravitailler avec les récoltes de l'année, Hannibal fit sortir son armée du retranchement de Gerounion. Jugeant qu'il importait de contraindre de toute manière les ennemis à livrer bataille, il s'empara de la citadelle de la ville appelée Cannes. En fait, c'était là que les Romains rassemblaient le grain et les autres vivres qui leur venaient du territoire de Canusium ; et c'était de là qu'ils approvisionnaient sans cesse les légions, suivant leurs besoins. Il se trouvait que, déjà auparavant, la ville avait été détruite de fond en comble ; mais, lorsque le dépôt et la citadelle furent pris, il y eut un grand désarroi dans les troupes romaines. Elles étaient embarrassées par la prise de cette place, non seulement à cause du ravitaillement, mais encore à cause de la position favorable de la ville au milieu de la campagne environnante. Leurs chefs envoyaient continuellement des émissaires à Rome pour demander ce qu'il fallait faire ; car, s'ils s'approchaient des ennemis, ils ne pourraient éviter la bataille, dans cette contrée dévastée et parmi ces alliés qui étaient tous instables dans leurs intentions. À Rome, on prit le parti de livrer bataille ; mais on fit savoir à Cnaeus qu'il devait attendre encore, tandis qu'on dépêchait les consuls. Tous, en fait, regardaient vers Aemilius et fondaient sur lui la plupart de leurs espoirs à cause de l'honnêteté de toute sa vie en général, mais spécialement parce qu'il passait pour avoir mené, peu de temps auparavant, à la fois avec courage et habileté, la guerre d'Illyrie. On se proposa de risquer le combat avec huit légions – chose qui n'avait jamais eu lieu auparavant chez les Romains –, chaque légion comportant dans les cinq mille hommes, sans les auxiliaires. Les Romains lèvent toujours quatre légions, et la légion comprend environ quatre mille fantassins et deux cents cavaliers. Toutes les fois qu'un besoin plus important se fait sentir, ils portent le nombre des fantassins de chaque légion à environ cinq mille et celui des cavaliers à environ trois cents. Du côté des auxiliaires, ils portent le nombre des fantassins sensiblement au même nombre que celui des légionnaires romains, et le nombre des cavaliers d'ordinaire au triple. Ils donnent à chacun des deux consuls qu'ils dépêchent en opérations la moitié de ces auxiliaires ainsi que deux légions. Dans la plupart des conflits, ils emportent la décision avec un seul consul à la tête de deux légions et des auxiliaires ; ils utilisent rarement tous leurs effectifs au même moment, dans un seul et même combat. Ils étaient alors certainement frappés de stupeur et terrifiés par l'avenir à un point tel qu'ils préférèrent risquer le combat avec non pas seulement quatre, mais huit légions romaines à la fois.

Polybe, *Histoires*, 3, 107

Les Romains savent que cette confrontation va être décisive.
Lucius exhorte ses troupes. Le destin de la patrie et des êtres aimés
est entre les mains de quatre vingt six mille hommes qui viendront
bientôt à bout de cinquante mille Carthaginois. Le contraire est
impossible affirme Lucius Aemilius dans sa harangue.

C'est pourquoi, on entreprit d'exhorter Aemilius et son collègue, en mettant sous leurs yeux l'importance de l'issue de la bataille, dans un sens comme dans l'autre, puis on les fit partir avec mission de livrer une bataille décisive à bon escient, avec vaillance et d'une manière qui fût digne de la patrie. Revenus auprès de leurs forces, ils rassemblèrent la troupe et firent savoir à la multitude le dessein du sénat, en y joignant les exhortations qui convenaient aux circonstances actuelles. Lucius prononça un discours qui exprimait sa conviction intime. L'essentiel de la déclaration attirait l'attention sur ceci, à savoir les revers qui avaient eu lieu récemment. Voilà, en effet, la raison pour laquelle la multitude se trouvait démoralisée et avait besoin d'encouragements. C'est pourquoi, il essaya d'établir que, dans les défaites essuyées lors des batailles précédentes, on aurait trouvé non pas une ni deux, mais davantage encore de raisons susceptibles d'expliquer une telle issue, et que, dans les circonstances présentes, il ne leur restait aucune excuse, s'ils étaient des hommes, de ne pas vaincre les ennemis. Jusqu'alors les deux chefs n'avaient jamais lutté côte à côte avec toutes leurs légions et ils n'avaient pas disposé de troupes aguerries, mais de troupes nouvellement recrutées, sans la moindre expérience du combat ; et, chose la plus grave, précédemment les soldats romains ignoraient tellement à quels adversaires ils avaient affaire qu'ils se rangeaient en ligne de bataille et en venaient à livrer un combat décisif sans même avoir vu, pour ainsi dire, leurs antagonistes. Ceux qui avaient subi le revers au bord de la rivière de la Trébie étaient arrivés la veille de Sicile et s'étaient rangés en ligne de bataille le lendemain dès l'aube. Ceux qui avaient lutté en Étrurie n'avaient pas eu la possibilité d'apercevoir les ennemis non seulement auparavant, mais même au cours de la bataille, à cause des mauvaises conditions météorologiques.

– Maintenant, poursuit Lucius, c'est tout le contraire de la situation précédente. En effet, d'abord, non seulement nous sommes présents tous les deux en personne auprès de vous pour partager vos combats, mais encore, grâce aux mesures que nous avons prises, les consuls de l'année dernière sont prêts à rester auprès de nous et à participer aux mêmes luttes. Et vous, non seulement vous avez vu l'armement, la tactique, le nombre des ennemis, mais encore, presque chaque jour, depuis un an, vous ne cessez de combattre contre eux avec acharnement. Puisque la situation, à en considérer le détail, est tout le contraire de ce qu'elle était lors des batailles précédentes, il est vraisemblable aussi que l'issue de la lutte présente sera tout le contraire. De fait, il serait étrange ou plutôt, pour ainsi dire, impossible que, vous livrant à des escarmouches ponctuelles à effectifs égaux, vous l'emportiez la plupart du temps et que, vous rangeant tous ensemble en ligne de bataille, au moins deux fois plus nombreux que les adversaires, vous soyez défaits. C'est pourquoi, soldats, tout est prêt pour votre victoire ; la situation ne requiert plus qu'une chose, votre volonté ardente ; à ce propos, il n'est même pas nécessaire, je suppose, de vous exhorter davantage. À ceux qui font campagne auprès de quelqu'un, à titre de mercenaires, ou à ceux qui vont combattre pour leurs voisins, à titre d'alliés – tous hommes pour qui le moment même de la lutte est si redoutable, tandis que l'issue est indifférente – à tous ces hommes ce genre d'exhortation est nécessaire. En revanche, à ceux qui, comme vous maintenant, se trouvent engager le combat non pour d'autres, mais pour eux-mêmes, leur patrie, leurs femmes et leurs enfants, et qui donnent beaucoup plus d'importance à la suite des événements qu'aux risques à courir présentement, il n'est besoin que d'une brève évocation, non d'une exhortation. Qui donc ne voudrait lutter avant tout pour vaincre ou, si cela n'était pas possible, mourir en se battant plutôt que de vivre pour voir les êtres chers subir des violences et périr ? C'est pourquoi, soldats, abstraction faite de mes propos, ayez vous-mêmes sous les yeux la différence qu'il y a entre la défaite et la victoire, ainsi que les conséquences de l'une et de l'autre ; ainsi vous vous disposerez à la bataille avec la pensée que la patrie risque maintenant non pas l'existence de ses seules légions, mais son existence à elle tout entière. Que lui restera-t-il à opposer aux périls dont elle sera menacée, si d'une manière ou d'une autre les choses tournent mal ? Comment réussira-t-elle à triompher des ennemis ? C'est ce qu'elle ne sait pas, car toute son ardeur et sa puissance reposent en vous et tous ses espoirs de salut sont placés en vous. À vous maintenant de ne pas décevoir son attente, mais de lui témoigner la reconnaissance qu'on doit à sa patrie et de montrer à tous les hommes que les revers précédents ont eu lieu non parce que les Romains sont de moins bons soldats que les Carthaginois, mais à cause de l'inexpérience de ceux qui ont livré bataille alors et à cause des difficultés résultant des circonstances.

Polybe, *Histoires*, 3, 108 - 109

Dissensions entre les deux consuls. Problème de l'alternance journalière des commandements. Décision de Caius d'attaquer tout de suite.

Le lendemain, les consuls levèrent le camp et menèrent leur armée là où, d'après ce qu'ils avaient appris, les ennemis campaient ; parvenus à destination le deuxième jour, ils dressèrent leur camp à une distance d'environ cinquante stades des ennemis[4]. Lucius, constatant que

4. 9 km.

tout le terrain alentour était plat et découvert, déclara qu'il ne fallait pas engager le combat, parce que les ennemis avaient la supériorité en cavalerie, mais les attirer et les amener plutôt sur un terrain tel que l'infanterie des légions eût le rôle principal dans la bataille. Or Caius, en raison de son inexpérience, était de l'avis contraire, et ce furent entre les deux chefs contestations et tiraillements, c'est-à-dire tout ce qu'il y a de plus risqué au monde. Le jour suivant, la conduite des opérations revenait à Caius, parce que, selon la coutume, chacun des deux consuls exerçait le commandement un jour sur deux. Il leva le camp et s'avança, car il voulait se rapprocher des ennemis, malgré les protestations et les objections réitérées de Lucius.

Hannibal, prenant avec lui les fantassins légers et les cavaliers, marcha à la rencontre des Romains, tomba sur eux à l'improviste, tandis qu'ils étaient encore en ordre de marche, et engagea la lutte avec eux, causant ainsi un grand trouble dans leur colonne. Mais ils soutinrent la première charge en plaçant en avant quelques unités de fantassins lourds ; après cela, lançant les fantassins auxiliaires et les cavaliers dans la mêlée, ils obtinrent partout l'avantage, parce que, du côté carthaginois, il n'y avait aucune troupe de couverture importante, tandis que, du côté romain, quelques manipules s'étaient mêlés aux fantassins légers pour combattre conjointement avec eux. Lorsque la nuit survint, les deux partis se séparèrent, sans que l'attaque ait eu l'issue que les Carthaginois espéraient.

Le lendemain, Lucius décida de ne pas livrer bataille. Cependant il ne pouvait plus se retirer avec son armée en toute sécurité. Avec les deux tiers des troupes, il installa donc son camp au bord du fleuve qu'on appelle l'Aufide et qui est le seul à couler à travers l'Apennin. (...) Avec le dernier tiers de ses troupes, sur l'autre rive du fleuve, à l'est du point de passage, il dressa un retranchement à une distance de dix stades[5] environ de son propre camp et à une distance un peu plus grande de celui de ses adversaires, car il voulait ainsi protéger les fourrageurs venus de son autre camp et menacer ceux des Carthaginois.

Polybe, *Histoires*, 3, 110

C'est au tour d'Hannibal d'haranguer ses troupes. Autant le discours de Lucius a pu être inventé par Polybe, autant celui-ci a pu être rapporté par les historiens carthaginois Sôsylos et Silénos, proches d'Hannibal et qui ont dû assister à la scène. « Si vous l'emportez, vous serez sur-le-champ les maîtres de toute l'Italie ; délivrés de vos peines présentes et détenteurs de toutes les richesses des Romains, du même coup vous dirigerez et dominerez le monde, grâce à cette bataille. »

Dans le même temps, Hannibal constatait que la situation l'appelait à engager la lutte avec les ennemis et à leur livrer bataille, mais il redoutait que la troupe ne fût découragée par suite du revers précédent. Jugeant ainsi que les circonstances exigeaient une exhortation, il réunit son armée. Quand ses hommes furent assemblés, il les invita tous à tourner leurs regards vers la contrée environnante et il leur demanda quelle faveur plus grande ils pourraient prier les dieux de leur accorder dans la conjoncture présente, si la faculté leur en était donnée, que celle de risquer un combat décisif sur un tel terrain, eux qui avaient sur les ennemis une supériorité écrasante en cavalerie[6]. Tous approuvèrent sa déclaration, car c'était l'évidence même.

— Ainsi donc, poursuivit-il, rendez grâces premièrement aux dieux, car ce sont eux qui, pour nous procurer la victoire, ont amené les ennemis sur un tel terrain ; deuxièmement à moi, Hannibal, de les avoir contraints à livrer bataille

5. 1,8 km.
6. 10 000 contre 6 000.

– car ils ne peuvent plus y échapper –, et à livrer bataille manifestement à notre avantage. Vous exhorter maintenant plus longuement à vous montrer courageux et ardents au combat, je crois que cela ne s'impose nullement. Lorsque vous étiez sans expérience de ce qu'est une bataille contre des Romains, il me fallait procéder ainsi et je vous ai donc adressé de longs discours nourris d'exemples. Mais, maintenant que vous avez, dans trois batailles successives d'une telle ampleur, remporté des victoires incontestées sur les Romains, quelle sorte de discours raffermirait encore mieux votre courage que l'évocation des faits eux-mêmes ? Grâce aux combats passés, vous vous êtes emparés des campagnes et des ressources qu'elles produisent, conformément à mes promesses, car je n'ai menti dans aucun des propos que je vous ai tenus. Mais la lutte actuelle a pour enjeu les villes et les ressources qui s'y trouvent. Si vous l'emportez, vous serez sur-le-champ les maîtres de toute l'Italie ; délivrés de vos peines présentes et détenteurs de toutes les richesses des Romains, du même coup vous dirigerez et dominerez le monde, grâce à cette bataille. C'est pourquoi, il n'est plus besoin de paroles, mais d'actes. Si les dieux le veulent, je suis persuadé que bientôt je confirmerai pour vous mes promesses.

Quand il eut fait ces déclarations et d'autres analogues, la troupe l'approuva avec enthousiasme. Alors, appréciant son impétuosité, il la félicita, puis la congédia et installa tout de suite son camp, à l'abri d'un retranchement, sur la même rive du fleuve que le plus grand des deux camps adverses.

Le lendemain, il fit passer l'ordre à tous ses hommes de se préparer et de prendre soin d'eux-mêmes ; le jour suivant, il rangea ses troupes le long du fleuve, manifestement impatient de livrer bataille aux adversaires. Mais Lucius, qui était mécontent du terrain et qui voyait que les Carthaginois seraient vite obligés de déplacer leur camp

pour se procurer du ravitaillement, resta tranquille, tout
en renforçant la sécurité de ses deux camps au moyen de
troupes de couverture massées aux avant-postes. Hannibal
attendit assez longtemps et, comme personne ne sortait à
sa rencontre, il fit réintégrer le retranchement à toute son
armée, hormis les Numides qu'il lança contre les Romains
quittant le petit camp pour faire de l'eau. Les Numides, dans
leur précipitation, s'avancèrent jusqu'à la palissade même
et prévinrent la corvée d'eau. Caius en était d'autant plus
irrité contre eux ; quant à la troupe, elle désirait vivement
combattre et supportait difficilement les atermoiements.
En effet, l'attente de l'avenir est très pénible pour tout le
monde ; mais, une fois qu'on a pris sa décision, on est résigné
à subir tous les maux, si terribles qu'ils paraissent.

Polybe, *Histoires*, 3, 111 - 112, 5

Les jours passent. Les Carthaginois sortent pour rentrer aussitôt,
penauds de ne pas rencontrer d'adversaire décidé à en découdre avec
eux. À Rome, l'attente est insupportable.

Quand vient son jour, Caius décide d'attaquer. On dispose de
part et d'autre les troupes en ordre de bataille. Du côté romain, les
deux consuls et ceux de l'année précédente prennent le commandement.
Du côté carthaginois, Hannibal, Asdrubal et Magon. Hannibal
va alors employer la tactique du « sandwich »[7]*.*

Dès que Caius eut reçu le commandement, le jour suivant,
juste au lever du soleil, il fit sortir son armée des deux camps
à la fois. Il passa le fleuve avec les hommes du grand retranchement qu'il disposa aussitôt en ordre de bataille et leur
adjoignit ceux du second retranchement qu'il rangea sur la
même ligne. Toutes ses troupes faisaient face au midi. Il plaça
les cavaliers romains le long même du fleuve à l'aile droite et,

7. Voir plan p. 207.

sur la même ligne, tout contre eux, il déploya les fantassins, en serrant les unités plus que d'ordinaire et en donnant aux manipules beaucoup plus de profondeur que de front. Il disposa les cavaliers alliés et auxiliaires à l'aile gauche et, à distance, en avant de toute l'armée, il plaça les fantassins légers. Il y avait, alliés et auxiliaires compris, dans les quatre-vingt mille fantassins et un peu plus de six mille cavaliers.

Au même moment, Hannibal fit passer le fleuve aux Baléares et aux lanciers, et leur fit prendre position en avant de l'armée pour couvrir la manœuvre ; puis il fit sortir du retranchement le reste de ses hommes, leur fit franchir le courant de l'Aufide en deux endroits de manière à les opposer aux ennemis. Il mit au bord même du fleuve, à l'aile gauche, les cavaliers ibères et celtes, en face des cavaliers romains, et, tout contre eux, la moitié des fantassins lourds africains ; il mit, à la suite de ces hommes, les Ibères et les Celtes et, à côté d'eux, le reste des Africains ; il rangea, à l'aile droite, les cavaliers numides. Après avoir déployé toute son armée sur une seule ligne, il prit avec lui les unités ibères et celtes du centre qu'il fit avancer, et plaça les unités africaines à leur contact, selon un plan logique, de manière à former un croissant, mais en amincissant le front vers le milieu ; car il voulait, au cours de la bataille, garder les Africains comme corps de réserve pour couvrir les Ibères et les Celtes avec lesquels il engagerait d'abord le combat.

Les Africains étaient armés à la romaine, vu qu'Hannibal les avait tous équipés avec les dépouilles de la bataille précédente choisies par lui. Les Ibères et les Celtes avaient des boucliers presque identiques, mais des épées aux caractéristiques opposées : l'épée ibère n'avait pas moins d'efficacité pour frapper d'estoc que pour frapper de taille, tandis que l'épée gauloise n'avait qu'un usage, elle portait des coups de taille et ce, s'il y avait assez de recul. Leurs unités étaient rangées en ordre alterné ; les Celtes étaient nus et les Ibères parés de la courte tunique de lin bordée de pourpre, qui est

leur costume national ; il en résultait un spectacle à la fois
étrange et terrifiant. Quant aux effectifs, les Carthaginois
avaient dans les dix mille cavaliers en tout et un peu plus de
quarante mille fantassins, Celtes compris. Chez les Romains,
la droite était commandée par Aemilius, la gauche par Caius,
le centre par Marcus et Cnaeus, les consuls de l'année précédente. Chez les Carthaginois, la gauche était commandée
par Asdrubal, la droite par Hannon ; le centre était sous le
commandement d'Hannibal en personne, secondé par son
frère Magon. La ligne romaine regardait vers le midi et la
ligne carthaginoise vers le nord, de sorte que le soleil levant
ne gênait en fait personne.

Les avant-postes engagèrent le combat et, au début, tant
que les fantassins légers furent seuls aux prises, la partie
resta égale. Mais, dès que les cavaliers ibères et celtes de
l'aile gauche se furent approchés des Romains, ils livrèrent
bataille vraiment comme des Barbares. Ce n'était pas un
combat dans les règles, avec volte-face et conversions, mais,
une fois qu'on s'était jeté dans la mêlée, on sautait à bas des
chevaux et on engageait la lutte au corps à corps. Lorsque
les forces carthaginoises l'eurent emporté, qu'elles eurent
tué dans cet engagement la plupart des Romains – lesquels
pourtant avaient tous lutté avec ardeur et vaillance – et
qu'elles eurent repoussé les autres le long du fleuve, en les
frappant et en les faisant périr sans pitié, alors, succédant
aux troupes légères, les infanteries lourdes se jetèrent dans
la mêlée, l'une contre l'autre. Pendant quelque temps, les
rangs ibères et celtes tinrent bon et luttèrent vaillamment
contre les Romains, mais, bientôt écrasés sous le poids des
armes, ils firent demi-tour et battirent en retraite, résor-
bant ainsi la courbure du croissant. Les manipules romains
poursuivirent avec ardeur les adversaires dont ils rompirent
facilement les lignes, car les Celtes étaient déployés sur un
front très mince, tandis que les Romains s'étaient rabat-
tus, en formation serrée, des ailes vers le centre, qui était

le secteur où on combattait. En fait, on ne s'était pas jeté dans la mêlée aux ailes et au centre en même temps, mais d'abord au centre, parce que les Celtes, formés en croissant – la courbure dirigée vers les ennemis –, avaient une position beaucoup plus avancée que les ailes. Bref, les Romains, en poursuivant les ennemis et en se précipitant vers leur centre, qui était en train de céder, s'avancèrent tellement que, de chaque côté, les fantassins lourds africains se retrouvèrent face à leurs flancs découverts : ceux de l'aile droite firent un quart de tour à gauche et chargèrent par la droite pour se porter contre les Romains, de côté, ceux de l'aile gauche firent un quart de tour à droite et se reformèrent en ordre de bataille par la gauche, la situation montrant elle-même ce qu'il fallait faire. Il en résulta que, conformément aux prévisions d'Hannibal, les Romains, au centre, furent cernés par les Africains, tandis qu'ils poursuivaient les Celtes. Ainsi donc, se tournant contre ceux qui leur tombaient dessus, de flanc, ils livraient bataille non plus en formation d'ensemble, mais par manipules ou individuellement.

Quoiqu'il se fût trouvé à l'aile droite, depuis le début, et qu'il eût pris sa part du combat de cavalerie, Lucius était, alors encore, sain et sauf. Mais voulant, conformément à son discours d'exhortation, rester au cœur même de l'action et constatant que la décision dans une telle lutte reposait essentiellement sur l'infanterie lourde, il gagna à cheval le milieu de la ligne de bataille, prise dans son ensemble, pour engager lui-même le combat et porter des coups aux adversaires, tout en exhortant et en excitant ses propres soldats. Hannibal agissait de même. De fait, dès le début, il avait pris place dans cette partie de son armée.

Les Numides, tombant de l'aile droite sur les cavaliers adverses rangés à l'aile gauche, ne leur faisaient pas grand mal et n'en subissaient pas eux-mêmes, à cause de leur tactique très particulière ; mais, en vérité, en faisant leurs conversions et en tombant de tous les côtés à la fois sur les ennemis, ils les rendaient inopérants. Lorsque les hommes d'Asdrubal, qui avaient tué tous les cavaliers romains le long du fleuve, à l'exception d'un très petit nombre, vinrent de l'aile gauche prêter main-forte aux Numides, alors les cavaliers auxiliaires des Romains, prévoyant leur charge, firent volte-face et battirent en retraite.

Polybe, *Histoires*, 3, 113 - 116, 6

Lucius et les consuls de l'année précédente sont tués au cours d'un véritable massacre.

Dans ces circonstances, il semble qu'Asdrubal ait manœuvré avec habileté et bon sens. Constatant que les Numides avaient l'avantage du nombre, qu'ils étaient fort efficaces et fort redoutables, une fois que les adversaires avaient fait demi-tour, il leur abandonna les fuyards, tandis qu'il se dirigeait vers le secteur de la bataille d'infanterie, se hâtant de prêter main-forte aux Africains. Il tomba à revers sur les légions romaines qu'il fit charger, plusieurs fois de suite, par ses escadrons, de multiples points à la fois, et encouragea ainsi les Africains, mais démoralisa les Romains et les frappa d'épouvante. C'est dans ces circonstances que Lucius Aemilius succomba à la violence des coups qui lui avaient été portés. Il perdit la vie les armes à la main, en homme qui, plus que tout autre, s'était acquitté de tous ses devoirs envers sa patrie, toute sa vie durant et jusqu'à sa dernière extrémité. Tant qu'ils purent livrer bataille sur tous les fronts, en faisant face à ceux qui les avaient encerclés, les Romains résistèrent. Mais, comme ceux qui se trouvaient à la périphérie ne cessaient de tomber, les autres furent peu à peu enfermés dans un dernier réduit où, finalement, tous trouvèrent la mort. Parmi eux se trouvaient Marcus et Cnaeus, les consuls de l'année précédente, des hommes de cœur qui s'étaient montrés dignes de Rome au cours de ce combat.

Polybe, *Histoires*, 3, 116, 7-11

Pour les Romains, la défaite est terrible. Le contraste entre le total des pertes romaines : soixante dix mille morts morts et dix mille prisonniers pour trois mille trois cent soixante dix rescapés et celui des pertes carthaginoises : sept mille sept cents hommes seulement, dont plus de la moitié de Celtes, a fait dire que Polybe suivait des sources carthaginoises. Hannibal songe à entrer dans Rome en triomphateur.

Pendant que cette mêlée et cette tuerie avaient lieu, les Numides poursuivaient les cavaliers en fuite, précipitant à bas de leurs chevaux et faisant périr le plus grand nombre[8]. Un petit nombre se réfugièrent à Venouse. Parmi eux se trouvait Caius Terentius, le consul romain, un homme qui avait fait de sa vie une honte et de son commandement un fléau pour sa patrie.

C'est de cette manière que s'acheva la bataille qui eut lieu près de Cannes entre Romains et Carthaginois, bataille qui mit aux prises des hommes très valeureux, tant chez les vainqueurs que chez les vaincus. C'est ce que le bilan même des pertes romaines rendit évident. Des six mille cavaliers, soixante-dix romains se réfugièrent à Venouse avec Caius et environ trois cents alliés se sauvèrent, en ordre

---

8. Preuve de l'efficacité de la cavalerie légère numide, utilisée par l'armée d'Hannibal pour les missions les plus diverses : exploration, renseignement, actions d'avant-garde, escarmouches, embuscades, attaques de détachements isolés, pillage. La rapidité de ses petits chevaux, l'agilité des cavaliers et leur habileté à manier leur principale arme, une dague également en usage chez les Maures, leur permettaient de désarçonner les cavaliers ennemis et de les mutiler mortellement en leur tranchant les tendons des cuisses, des jarrets ou des mollets, qui n'étaient pas protégés par la cuirasse, sans même s'arrêter pour leur donner le coup de grâce. Cette technique de guerre particulièrement cruelle fut employée à Cannes, d'ailleurs associée au recours à la fourberie, puisqu'un escadron de cinq cents cavaliers numides feignit de déserter afin d'être accueilli à l'arrière des lignes romaines et de pouvoir ainsi ensuite les attaquer dans le dos, ce qui explique le nombre de blessés romains qu'il fallut achever le lendemain.

dispersé, dans les villes. Parmi les fantassins, dans les dix
mille furent faits prisonniers en armes – ceux qui étaient
restés en dehors du champ de bataille – et trois mille seulement peut-être s'enfuirent du théâtre même du combat
et se réfugièrent dans les villes voisines ; tous les autres, qui
étaient dans les soixante-dix mille, moururent en braves.
Leur très nombreuse cavalerie avait alors, comme par le
passé, rendu aux Carthaginois les plus grands services pour
l'obtention de la victoire. Il devint évident pour la postérité
qu'il vaut mieux, en temps de guerre, avoir moitié moins
d'infanterie, mais une supériorité écrasante en cavalerie que
de risquer le combat avec des troupes en tout point égales à
celles des ennemis. Hannibal ne perdit que dans les quatre
mille Celtes, dans les mille cinq cents Ibères et Africains,
et environ deux cents cavaliers.

Les Romains capturés vivants le furent en dehors du
théâtre du combat et ce pour les raisons suivantes. Lucius
avait laissé dix mille fantassins dans son camp, car il formait un plan : si Hannibal, sans se soucier de son propre
retranchement, employait toutes ses troupes dans la bataille,
ces hommes interviendraient juste au moment opportun et
s'empareraient du bagage ennemi ; mais si Hannibal, prévoyant une telle éventualité, y laissait une garde importante,
les Romains livreraient le combat décisif contre des forces
moins nombreuses. Ils furent faits prisonniers de la manière
suivante : Hannibal avait laissé une garde suffisante dans
son retranchement. Dès le début de la bataille, les Romains
s'efforcèrent de le prendre d'assaut, suivant la consigne, et
lancèrent des attaques contre les hommes qui y avaient été
laissés. Ceux-ci, dans un premier temps, résistèrent. Mais
ils étaient déjà vivement pressés, quand Hannibal, qui
avait remporté la décision de toutes parts, sur le champ de
bataille, vint leur prêter main-forte. Il mit en déroute les
Romains qu'il enferma dans leur propre camp. Il en avait
tué deux mille et captura vivants tous les autres. De la même

manière, les Numides prirent d'assaut les places fortes de la contrée où les cavaliers en déroute s'étaient réfugiés, et ils ramenèrent avec eux dans les deux mille prisonniers.

La bataille avait donc tourné de cette manière et l'ensemble de la situation eut un dénouement conforme à ce à quoi on s'attendait des deux côtés. Les Carthaginois, grâce à cet exploit, devinrent tout de suite maîtres de presque tout le reste de la côte. Tarente se livra aussitôt à eux ; Arpi et une faction de Capoue appelèrent Hannibal ; toutes les autres cités regardèrent dès lors vers les Carthaginois. Ceux-ci avaient de grands espoirs de se rendre aussi d'emblée maîtres de Rome elle-même. Les Romains, en vérité, avaient tout de suite dû renoncer à leur autorité en Italie, en raison de leur défaite ; ils éprouvaient de grandes craintes pour le sol de leur patrie et pour leurs propres personnes qui couraient de si grands risques ; ils s'attendaient même à voir bientôt arriver Hannibal en personne. Et de fait, comme si la Fortune, pour faire bonne mesure, devenait l'auxiliaire de l'adversité, il se trouva que, quelques jours après, tandis que la Ville était remplie de crainte, le général dépêché en Gaule tomba inopinément dans une embuscade et que ses soldats et lui furent tous exterminés jusqu'au dernier par les Celtes. Néanmoins, le sénat ne négligea aucune des mesures possibles, exhortant la population, fortifiant la Ville et prenant avec courage les décisions exigées par les circonstances présentes. C'est ce que la suite des événements montra : les Romains, qui incontestablement avaient alors subi un désastre et perdu leur prestige militaire, réussirent, grâce à la vertu particulière de leur gouvernement et à la justesse des décisions qu'ils prirent, non seulement à recouvrer leur autorité en Italie, après avoir vaincu les Carthaginois, mais encore à devenir les maîtres de la terre habitée tout entière quelque temps plus tard.

Polybe, *Histoires*, 3, 116, 12 - 118, 9

Tite-Live donne ses chiffres et précise que de nombreux magistrats ont péri également dans la bataille.

Alors de tous côtés, on fuit en désordre. Sept mille hommes se réfugièrent dans le petit camp, dix mille dans le grand, deux mille environ dans le village même de Cannes ; aucune fortification ne le protégeant, ceux-ci furent aussitôt cernés par Carthalo et ses cavaliers.

L'autre consul ne s'étant, soit par hasard, soit à dessein, mêlé à aucune troupe de fuyards, avec cinquante cavaliers environ parvint à Venouse. Quarante-cinq mille cinq cents fantassins et deux mille sept cents cavaliers, composés, en quantités à peu près égales, de citoyens et d'alliés, furent tués, dit-on, et, parmi eux, les deux questeurs des consuls, Lucius Atilius et Lucius Furius Bibaculus, ainsi que vingt-neuf tribuns militaires ; certains anciens consuls, anciens préteurs et anciens édiles, parmi lesquels on comptait Cneius Servilius Gemillus et Marcus Minucius, qui avait été maître de la cavalerie l'année précédente et consul quelques années avant ; en outre quatre-vingts sénateurs, ou personnages ayant géré des magistratures telles qu'ils devaient être choisis comme sénateurs : ils s'étaient engagés comme soldats dans les légions. Comme prisonniers, il y eut, dit-on, dans cette bataille, trois mille fantassins et quinze cents cavaliers.

Tite-Live, *Histoire romaine*, 22, 49, 12-18

Tite-Live cède à ses penchants romanesques pour nous faire une description pittoresque d'un champ de bataille digne du pire conflit.

Le lendemain, dès qu'il fait jour, les Carthaginois se mettent à ramasser les dépouilles, et à contempler le carnage, affreux même pour des ennemis. Là gisaient des milliers de Romains, fantassins et cavaliers, pêle-mêle, comme le hasard pendant le combat les avait réunis, ou pendant la fuite. Certains, se levant du milieu des cadavres, sanglants, réveillés par le froid du matin qui pinçait leurs plaies, furent tués par les ennemis ; certains, même parmi les gisants, furent trouvés vivants, les cuisses ou les jarrets coupés, et ils mettaient à nu leur cou et leur gorge, en demandant qu'on répandît ce qui leur restait de sang ; on en trouva certains la tête enfouie dans la terre creusée, et l'on voyait bien qu'ils s'étaient fait eux-mêmes ces trous, et qu'en se couvrant le visage de terre amoncelée, ils s'étaient étouffés. Ce qui attira le plus tous les regards, ce fut un Numide que, de dessous un Romain mort, on retira vivant, mais le nez et les oreilles déchirés, le Romain, dont les mains ne pouvaient plus tenir une arme, mais dont la colère tournait à la rage, ayant lacéré de ses dents son adversaire en expirant.

Tite-Live, *Histoire romaine*, 22, 52

Hannibal refuse de profiter de sa victoire pour pousser jusqu'à Rome.

Alors que tous les chefs carthaginois, entourant Hannibal victorieux, le félicitaient, et lui conseillaient, après avoir terminé une guerre si importante, de prendre, pendant le reste du jour et la nuit suivante, du repos pour lui-même et d'en donner à ses soldats fatigués, Maharbal, commandant de la cavalerie, pensant qu'il ne fallait pas tarder un instant, lui dit :

— Ah ! sache plutôt ce que te vaut cette bataille ! Dans quatre jours, vainqueur, tu dîneras au Capitole. Suis-moi ; avec les cavaliers, de façon qu'on apprenne mon arrivée avant de la savoir prochaine, je te précéderai.

Hannibal trouva ce dessein trop beau et trop grand pour pouvoir l'adopter aussitôt. Aussi dit-il à Maharbal qu'il louait son intention, mais qu'il fallait du temps pour peser son conseil. Alors Maharbal :

– Les dieux, ce n'est pas étonnant, n'ont pas tout donné au même homme ; tu sais vaincre, Hannibal ; tu ne sais pas profiter de la victoire.

On croit bien que ce retard d'un jour sauva Rome et l'empire.

Tite-Live, *Histoire romaine*, 22, 51, 1-4

Il s'attaque aux deux camps de réfugiés. Le reste des troupes se réfugie à Canusium.

Après qu'on a ramassé les dépouilles jusqu'à une heure avancée du jour, Hannibal conduit ses troupes à l'attaque du petit camp, et avant tout, par un bras de tranchée, interdit à ses occupants l'accès du fleuve ; d'ailleurs tous les Romains, accablés par les fatigues, les veilles, les blessures mêmes, se rendirent plus tôt encore qu'il ne l'espérait. S'étant mis d'accord avec le Carthaginois pour livrer leurs armes et leurs chevaux ; pour une rançon, par tête, de trois cents deniers au quadrige pour les Romains, deux cents pour les alliés et cent pour les esclaves ; enfin pour être, cette somme une fois versée, renvoyés chacun avec un vêtement, ils reçurent les ennemis dans le camp, et furent tous mis sous bonne garde, les citoyens romains séparés des alliés. Tandis que, là, on perd du temps, au grand camp, lorsque ceux de ses occupants qui avaient assez de force et de courage, – quatre mille hommes environ, et deux cents cavaliers – les uns par groupes, les autres en se dispersant çà et là dans les champs, ce qui n'était pas le moins sûr, se furent réfugiés à Canusium, les blessés et les lâches livrèrent à l'ennemi le camp lui-même, aux mêmes conditions que le petit. Les Carthaginois firent là un énorme butin ; et, en dehors des chevaux, des hommes, et de l'argent à l'occasion, – il y en avait surtout sur les phalères[9] des chevaux ; car, pour

9. Parure métallique du harnais d'un cheval.

manger, on se servait très peu de vaisselle d'argent, surtout en campagne – tout le reste du butin fut livré au pillage. Puis Hannibal ordonna de rassembler, pour les enterrer, les cadavres des siens. Il y en eut, dit-on, huit mille environ, des soldats les plus braves. Le corps du consul romain fut aussi recherché et enseveli, d'après certains auteurs.

Quant aux réfugiés de Canusium, une Apulienne nommée Busa, connue pour sa naissance et sa fortune, en voyant les Canusini se contenter de les recevoir dans leurs murs et leurs maisons, les fournit de vivres, de vêtements, même d'argent pour la route ; en raison de cette munificence, plus tard, la guerre terminée, elle obtint des honneurs du sénat.

Tite-Live, *Histoire romaine*, 22, 52

À Canusium, le jeune tribun militaire Scipion, futur vainqueur d'Hannibal, entre en scène à 19 ans pour commander les troupes rescapées et déjouer une honteuse désertion ourdie par de jeunes nobles.

Pour sa première apparition, il se comporte déjà comme un fervent défenseur de la République. Son serment est prémonitoire et anticipe son acharnement à vouloir exterminer plus tard l'envahisseur. Il fait étrangement écho au serment d'Hannibal qui guidera sa pugnacité jusqu'à la défaite.

D'autre part, alors qu'il y avait là quatre tribuns militaires : Quintus Fabius Maximus, de la première légion, dont le père avait été dictateur l'année précédente ; de la seconde légion, Lucius Publicius Bibulus et Publius Cornelius Scipion, et, de la troisième légion, Appius Claudius Pulcher qui, tout récemment, avait été édile, du consentement de tous, le commandement en chef fut donné à Publius Scipion, tout jeune alors, et à Appius Claudius. Comme ils délibéraient, en petit comité, sur la situation générale, Publius Furius Philus, fils d'un consulaire, leur annonce qu'ils caressent en vain un espoir irréalisable ; la situation de l'État est désespérée, déplorable ; certains jeunes nobles, dont le chef est Marcus Caecilius Metellus, tournent les yeux vers la mer et les navires, pour abandonner l'Italie et se réfugier auprès de quelque roi.

En apprenant ce malheur, non seulement affreux, mais encore nouveau après tant de désastres, les assistants qui, paralysés par la stupeur devant un dessein si monstrueux, restaient cloués sur place et estimaient qu'il fallait convoquer le conseil à ce sujet, s'entendent déclarer « qu'il n'y a pas là sujet à conseil » par le jeune Scipion, chef prédestiné de cette guerre. Il faut, dit-il, oser et agir, non tenir conseil, devant un si grand mal ; ils doivent, tout de suite, l'accompagner, en armes, ceux qui veulent le salut de l'État ; il n'y a pas d'endroit qui, plus que celui où l'on médite de tels projets, soit vraiment un camp ennemi. Scipion se dirige, suivi de quelques compagnons, vers le logis de Métellus ; là, ayant trouvé la réunion de jeunes gens dont on lui avait parlé, il lève son épée nue sur la tête des délibérants, et leur dit :

— En mon âme et conscience, je jure de ne pas abandonner la république du peuple romain, de ne permettre à aucun autre citoyen de l'abandonner ; si j'enfreins sciemment ce serment, alors, que Jupiter très bon, très grand, frappe de la ruine la plus affreuse moi-même, ma maison, ma famille et ma fortune. En ces termes, Marcus Caecilius, j'exige que tu jures, toi, ainsi que tous ceux qui sont ici ; et que celui qui n'aura pas juré sache que ce glaive a été tiré contre lui !

Non moins effrayés que s'ils voyaient Hannibal vainqueur, ils jurent tous, et se livrent eux-mêmes à Scipion.

Tite-Live, *Histoire romaine*, 22, 53

À Venouse, d'autres soldats perdus arrivent épuisés. On tente de reconstituer un semblant d'armée.

Au moment où ces faits se passaient à Canusium, arrivèrent à Venouse, auprès du consul, environ quatre mille

cinq cents fantassins et cavaliers que la fuite avait dispersés
à travers champs. Les Venusini, ayant réparti tous ces hommes dans les familles pour qu'on les y reçût et les traitât
bien, donnèrent à chaque cavalier des toges, des tuniques
et vingt-cinq deniers au quadrige, au fantassin dix deniers,
des armes à ceux qui en manquaient, et se conduisirent pour
tout le reste, à titre public et privé, de façon hospitalière,
rivalisant pour voir si une femme de Canusium vaincrait
par ses bons offices le peuple de Venouse. Mais le fardeau se
faisait plus lourd pour Busa à cause de la masse des soldats ;
ils étaient déjà dix mille environ ; et Appius et Scipion,
quand ils apprennent qu'un des consuls est sain et sauf, lui
envoient aussitôt dire combien ils ont, avec eux de troupes
d'infanterie et de cavalerie, et demander en même temps
s'il leur ordonne d'amener cette armée à Venouse, ou de
rester à Canusium. Varron lui-même fit passer ses troupes
à Canusium ; et déjà il y avait là quelque apparence d'une
armée consulaire, capable de se défendre contre l'ennemi au
moins à l'abri de remparts, sinon par ses seules armes.

Tite-Live, *Histoire romaine*, 22, 54, 1-6

*À Rome, c'est la consternation. On tente pourtant de se
ressaisir.*

À Rome on avait annoncé non pas qu'il survivait fût-ce
ces simples débris des forces de citoyens et d'alliés, mais
que l'armée et ses chefs avaient été massacrés et toutes les
troupes anéanties. Jamais, la ville restant sauve, il n'y eut
autant de peur et de tumulte entre les murs de Rome. Aussi
je reculerai devant la tâche, et n'entreprendrai pas de raconter
des scènes qu'en les dépeignant je rendrais inférieures à la
réalité. Après la perte d'un consul et d'une armée à Trasimène,
l'année précédente, ce n'était pas maintenant une blessure
s'ajoutant à une blessure, mais un désastre bien plus grand
qu'on annonçait : deux consuls et deux armées consulaires

étaient perdus ; il n'y avait plus de camp, plus de général
ni de soldat romain, Hannibal devenait maître de l'Apulie,
du Samnium, et, déjà, de presque toute l'Italie. Aucune
autre nation assurément, n'aurait supporté une telle masse
de maux sans en être écrasée. Essayez de la comparer à la
défaite navale des Carthaginois aux îles Égates, défaite qui,
brisant leurs forces, leur fit céder la Sicile et la Sardaigne et
accepter de payer impôts et tribut ; ou à la défaite d'Afrique
à laquelle succomba plus tard ce même Hannibal ; elles ne
sont en rien comparables, si ce n'est qu'on supporta ces
dernières avec moins de courage.

Publius Furius Philus et Marcus Pomponius, préteurs,
convoquèrent le sénat à la curie Hostilia, pour délibérer
sur la défense de la ville ; ils ne doutaient pas, en effet,
que, les armées romaines étant détruites, l'ennemi vînt
bientôt attaquer Rome, seule chose qui lui restât à faire
dans cette guerre. Comme, dans ces malheurs immenses,
mais mal connus, on n'arrivait pas même à bien prendre
une décision ; comme, devant la curie, retentissaient les
lamentations des femmes, et que, les pertes n'ayant pas été
publiées, on pleurait, dans presque toutes les maisons, les
vivants aussi bien que les morts, Quintus Fabius Maximus
proposa d'envoyer des cavaliers sans bagages sur la voie
Appienne et la voie Latine, pour interroger les soldats qu'ils
rencontreraient – quelques-uns se seraient certainement
dispersés dans leur fuite – et venir rapporter à Rome quel
était le sort des consuls et des armées, puis, si les Dieux,
ayant pitié de l'empire, avaient laissé subsister quelque
chose de romain, où étaient ces troupes, où s'était dirigé
Hannibal après la bataille, ce qu'il préparait, ce qu'il
faisait et ce qu'il avait l'intention de faire. Tout cela, dit
Fabius, il faut que l'observent et le reconnaissent des jeunes
gens actifs ; mais voici ce que doivent faire les sénateurs
eux-mêmes, puisqu'il n'y a pas assez de magistrats : il
faut qu'ils suppriment, dans Rome, l'agitation et l'effroi ;

qu'ils écartent les femmes de la rue, et les forcent toutes
à rester à l'intérieur de leur seuil ; qu'ils empêchent les
lamentations en commun des familles, imposent le silence
à la ville, fassent conduire aux préteurs les porteurs de
nouvelles, quoi qu'elles concernent, chaque particulier
devant attendre chez lui le messager qui se portera garant
du sort des siens ; il faut en outre que les sénateurs placent
des gardes aux portes, pour empêcher tout le monde de
quitter Rome, et forcer les gens à n'espérer de salut que du
salut de la ville et des remparts. C'est une fois le tumulte
apaisé qu'il faudra rappeler les sénateurs à la curie, et
délibérer sur la défense de la ville.

Tous s'étant rangés à cet avis, ce fut seulement quand
les magistrats eurent fait partir du forum la foule, et que les
sénateurs, allant de tous côtés apaiser les troubles, se furent
séparés, qu'on apporta une lettre du consul Caius Terentius
Varron ; le consul Lucius Aemilius et l'armée avaient été,
disait-il, massacrés ; il était lui-même à Canusium, en train
de rassembler les débris d'une si grande défaite, comme
ceux d'un naufrage ; il avait là dix mille soldats environ,
désorganisés, débandés ; le Carthaginois restait à Cannes,
occupé de la rançon de ses prisonniers et du reste de son
butin, ne montrant ni l'âme d'un vainqueur, ni l'attitude
habituelle d'un grand général en se livrant à ce trafic. Puis
les malheurs des particuliers furent, eux aussi, annoncés
officiellement dans les maisons, et tant de deuils remplirent
la ville, que la fête anniversaire de Cérès fut interrompue,
parce que les gens en deuil n'ont pas le droit de la célébrer,
et qu'il n'y avait pas, à ce moment, une matrone qui ne fût
en deuil. Aussi, afin d'empêcher que, pour la même raison,
d'autres cérémonies religieuses, publiques ou privées, fussent également abandonnées, un sénatus-consulte limita le
deuil à trente jours.

Tite-Live, *Histoire romaine*, 22, 54, 7 - 56, 1-5

Comble de malheur, Syracuse appelle à l'aide.

Mais alors que les sénateurs, les troubles de la ville apaisés, avaient été rappelés à la curie, une autre lettre encore, celle-là de Sicile, fut apportée de la part du propréteur Titus Otacilius : le royaume de Hiéron, disait-il, était ravagé par une flotte punique ; comme il voulait apporter au roi le secours qu'il implorait, on lui avait annoncé qu'une autre flotte était aux îles Égates, prête et parée pour permettre aux Carthaginois, dès qu'ils s'apercevraient qu'il allait défendre la côte de Syracuse, d'attaquer Lilybée et le reste de la province romaine ; il fallait donc une flotte, si l'on voulait défendre un roi allié et la Sicile.

Une fois lues les lettres du consul et du préteur, on fut d'avis d'envoyer Marcus Claudius, commandant de la flotte mouillée à Ostie, à Canusium, à l'armée, et d'écrire au consul qu'après avoir remis l'armée à ce préteur, aussitôt que possible, dans la mesure où l'intérêt de l'État le permettrait, il vînt à Rome.

Tite-Live, *Histoire romaine*, 22, 56, 6 - 57, 1

On nomme un nouveau dictateur et un maître de cavalerie, on répartit les troupes valides et on grossit les rangs en enrôlant des jeunes de 17 ans et des esclaves.

Marcus Claudius Marcellus envoie, d'Ostie, quinze cents soldats, qu'il avait enrôlés pour la flotte, à Rome, afin de défendre la ville ; lui-même, ayant envoyé en avant une légion d'infanterie de marine, – c'était la troisième légion, – avec ses tribuns militaires, à Teanum des Sidicins, et remis la flotte à son collègue Publius Furius Philus, se dirige peu de jours après vers Canusium à marches forcées. Ensuite Marcus Junius, nommé dictateur sur proposition du sénat, et Tiberius Sempronius, maître de la cavalerie, une levée de troupes ayant été décrétée, enrôlent les jeunes gens depuis l'âge de dix-sept ans, certains portant encore la robe prétexte : on en forma quatre légions et mille cavaliers. Ils envoient de même chez les alliés et dans les pays de nom latin pour en recevoir des soldats, suivant les conventions. Ils font préparer des armes défensives et offensives, d'autres fournitures nécessaires, et décrocher les anciennes dépouilles ennemies des temples et des portiques. Cette levée eut encore un aspect nouveau par suite du manque d'hommes libres et de la nécessité : huit mille jeunes esclaves valides, après qu'on eut demandé à chacun s'il voulait servir, furent achetés par l'État et armés. On préféra ces soldats-là, quoiqu'on pût, pour un moindre prix, racheter les prisonniers.

Tite-Live, *Histoire romaine*, 22, 57, 7-12

Mais les alliés de Rome commencent à faire défection.

Combien, d'autre part, le désastre de Cannes fut plus grave que les précédents, on en a déjà un indice dans ce fait que la fidélité des alliés, qui jusqu'à ce jour était restée ferme, commença à chanceler, sans aucune raison, assurément, sinon qu'ils désespéraient de l'empire. Passèrent aux Carthaginois les peuples que voici : les Atellani, les Calatini, les Hirpini, une partie des Apuliens, les Samnites à l'exception des Pentri, tous les Bruttiens, les Lucaniens, en outre les Uzentini et presque toute la côte grecque, les Tarentins, les Métapontins, les gens de Crotone et de Locres, et tous les Gaulois cisalpins. Et pourtant ces malheurs, ces défections d'alliés n'ébranlèrent pas les Romains au point que quelque part, chez eux, on parlât de paix, ni avant l'arrivée du consul à Rome, ni après son retour qui raviva le souvenir du désastre subi ; à ce moment même, la cité montra tant de grandeur d'âme, que ce consul, qui revenait après une si grande défaite dont il avait été la cause principale, une foule de gens de toutes les classes alla à sa rencontre, et qu'on le remercia de n'avoir pas désespéré de l'État, lui qui, s'il avait commandé des troupes carthaginoises, n'aurait dû se refuser à aucun supplice.

Tite-Live, *Histoire romaine*, 22, 61, 10-15

CAPOUE, NOUVELLE CAPITALE ?

Tite-Live, en voulant retracer une période immense de l'histoire romaine, 750 ans, a partagé son œuvre en décades, du moins pour les premiers livres. Dès le début du livre 31, il se déclare étonné d'avoir dû consacrer 15 livres (16 à 30) soit autant, dit-il, que pour les 488 années qui précèdent, au récit des deux premières guerres puniques soit 63 ans.

Sa troisième décade relate plus particulièrement la guerre d'Hannibal de 218 à 201, chaque livre couvrant une période moyenne d'un an et demi à 2 ans. Possédant le sens du plan harmonieux et artistique, l'écrivain partage cette période en deux pentades au scénario romanesque à souhait. La première partie, les livres 21 à 25, est consacrée à la montée en puissance du général carthaginois. Le récit est ponctué de victoires écrasantes au fur et à mesure que les Romains tentent vainement de réagir en se regroupant courageusement derrière leurs institutions. La deuxième partie, qui se situe après l'échec de l'expédition d'Hannibal contre Rome en 211, amorce dans les livres 26 à 30 le déclin d'Hannibal avec l'avènement de son rival et de son vainqueur, Scipion l'Africain.

Ainsi l'historien triomphe sans peine de la dispersion inhérente à la méthode de l'exposé annalistique choisie par lui grâce à une astucieuse organisation construite sur de nombreux parallélismes. Siège de Sagonte au début du livre 21, siège de Capoue au début du 26, marches d'Hannibal sur Rome en 21 et en 26.

Tite-Live, pour faire entrer au forceps ces événements dans une chronologie adapté à son concept, est cependant obligé de compresser par moments le temps et de jongler avec les dates contrairement à Polybe.

Au livre 23, le récit reprend après Cannes. Nous sommes en août 216.

Hannibal prend Compsa et renonce à l'attaque de Naples. Malgré quatre tentatives, il ne parviendra jamais à s'en emparer.

Après la bataille de Cannes, la prise et le pillage des camps, Hannibal avait aussitôt fait mouvement de l'Apulie vers le Samnium ; il avait été appelé chez les Hirpins par Statius Trébius qui promettait de livrer Compsa. Trébius de Compsa était un notable parmi ses concitoyens, mais il était soumis aux pressions du parti des Mopsii, famille qui devait son pouvoir à la faveur de Rome. À la nouvelle de la bataille de Cannes, quand se fut répandu, à la suite des propos de Trébius, le bruit de l'arrivée d'Hannibal, les partisans des Mopsii quittèrent la ville qui fut livrée sans coup férir aux Carthaginois et reçut d'eux une garnison. Hannibal laissa là tout son butin et ses bagages et partagea son armée : il ordonna à Magon de recevoir la soumission des villes de la région qui abandonneraient les Romains ou de forcer à la défection celles qui s'y refuseraient ; quant à lui, il gagne, par le territoire campanien, la Mer Inférieure, dans l'intention d'attaquer Naples, afin de disposer d'un port. Une fois entré dans le territoire napolitain, il plaça une partie de ses Numides en embuscade partout où le terrain s'y prêtait – la plupart du temps, il y a des chemins creux et des lieux encaissés – ; aux autres, il ordonna de pousser devant eux, bien en vue, le bétail enlevé dans la campagne et de chevaucher devant les portes. Contre eux – ils semblaient peu nombreux et en désordre – un escadron de cavalerie avait opéré une sortie, mais il fut attiré dans des embuscades par les Numides qui reculaient à dessein, et cerné ; et personne ne se serait échappé, si la proximité de la mer et la vue, non loin du rivage, de bateaux dont la plupart servaient à la pêche, n'avaient offert un refuge à

ceux qui savaient nager. Un certain nombre de jeunes nobles
furent pourtant pris et tués dans ce combat, et, parmi eux,
tomba Hégéas, préfet de la cavalerie, qui avait poursuivi
trop hardiment ceux qui reculaient. La vue des remparts,
qui ne se prêtaient nullement à une attaque, détourna le
Punique de donner l'assaut à la ville.

Tite-Live, *Histoire romaine*, 23, 1

*À Capoue, l'astucieux Pacuvius Calavius envisage d'ouvrir la
ville aux Carthaginois et, par ruse, obtient les pleins pouvoirs.*

*Tite-Live dépeint une cité excessive et corrompue : « La cité avait
toujours été portée au dérèglement des passions, cela, en raison non
seulement des vices naturels, mais encore de la quantité sans cesse
grandissante des jouissances et des séductions par les agréments
de toutes sortes que fournissaient la mer et la terre. ». Ces délices
« de sensualité et de luxe » dans lesquels sombreront bientôt les
Carthaginois et Hannibal qui envisage d'en faire la nouvelle
capitale de l'Italie.*

*Polybe (3, 91, 6) dit que Capoue était « la plus heureuse »
des villes de Campanie. Il déclare également que les habitants
« sombrèrent dans le luxe et le faste, dépassant tout ce qu'on raconte
de Crotone et de Sybaris ». (7, 1, 1)*

*Les Campaniens se révoltent contre les Romains et accueillent
les Carthaginois.*

Les délégués vinrent trouver Hannibal et conclurent
la paix avec lui aux conditions suivantes : aucun général
ou magistrat carthaginois ne devrait disposer d'un droit
quelconque sur un citoyen campanien ; aucun citoyen
campanien ne devrait, malgré lui, servir comme soldat ou
fournir quelque prestation ; Capoue aurait ses lois et ses
magistrats ; les Carthaginois donneraient aux Campaniens
trois cent hommes pris parmi les prisonniers romains, que
les Campaniens choisiraient eux-mêmes pour les échanger

contre les chevaliers campaniens qui servaient en Sicile. Telles furent les conventions ; allant au-delà de ce qui avait été convenu, les Campaniens commirent les crimes suivants : les préfets des alliés et les autres citoyens romains qui exerçaient une fonction quelconque dans l'armée ou qui s'occupaient d'affaires privées furent immédiatement arrêtés par le peuple ; celui-ci, sous prétexte de les emprisonner, les fit enfermer dans les bains où, suffoqués par la vapeur brûlante, ils périrent de façon horrible.

Tite-Live, *Histoire romaine*, 23, 7, 1-3

Hannibal est accueilli en vainqueur par la population de Capoue.

Entré en ville, Hannibal demande la convocation immédiate du sénat ; comme les dirigeants des Campaniens le priaient de ne pas s'occuper ce jour-là d'affaires sérieuses et, puisque c'était, en raison de son arrivée, un jour de fête, de le célébrer lui aussi avec joie et de bon cœur, alors qu'il était naturellement porté facilement à la colère, pour ne pas commencer par un refus, il passa pourtant une grande partie de la journée à visiter la ville.

Tite-Live, *Histoire romaine*, 23, 7, 11-12

Hannibal, invité à la table des plus hauts notables, ne soupçonne pas qu'une tentative d'assassinat est programmée contre lui. Déjà enivré par les plaisirs de la ville ?

Il descendit chez les Ninnii Celeres, Sthénius et Pacuvius, célèbres par leur noblesse et leurs richesses. Là Pacuvius Calavius, chef de la faction qui avait fait passer Capoue du côté carthaginois, amena son jeune fils, après l'avoir arraché à l'entourage de Décius Magius, aux côtés de qui il avait pris position avec la dernière énergie en faveur de l'alliance avec Rome contre le traité avec les Carthaginois ;

ni le fait que la cité penchait vers l'autre parti, ni le respect de l'autorité paternelle ne l'avaient fait changer d'avis. En sa faveur, le père du jeune homme obtint alors, plus par des prières que par des justifications, le pardon d'Hannibal et celui-ci, vaincu par les prières et les larmes du père, finit par le faire inviter au dîner avec son père, alors qu'il ne devait admettre au banquet aucun Campanien, à l'exception de ses hôtes et de Vibellius Tauréa, un homme célèbre par ses exploits guerriers. Ils commencèrent à dîner quand il faisait jour[1] et le banquet, nullement conforme à l'usage punique et à la discipline militaire, s'accompagna, comme cela était naturel dans une cité et, à plus forte raison, dans une maison riche et raffinée, de tous les attraits des plaisirs. Seul, en dépit de l'invitation des hôtes et même, parfois, d'Hannibal en personne, Calavius le fils ne put être entraîné à boire, en invoquant lui-même sa mauvaise santé, tandis que son père alléguait aussi un trouble nullement étonnant. Vers le coucher du soleil, comme Calavius, son père, avait quitté le banquet, son fils le suivit et, une fois arrivés dans un endroit placé à l'écart – il y avait un jardin à l'arrière de la maison :

— Je vais te faire part, père, dit-il, d'un projet qui nous permettra non seulement d'obtenir des Romains le pardon de la faute que nous avons commise en faisant défection en faveur d'Hannibal, mais de gagner une considération et un crédit beaucoup plus grands que nous, Campaniens, en avons jamais eu.

Comme son père, étonné, lui demandait quel était ce projet, il rejette sa toge en arrière de son épaule et découvre une épée attachée à sa ceinture :

— À présent, dit-il, je vais, moi, consacrer par le sang d'Hannibal notre traité avec Rome. J'ai voulu que tu en

---

1. Ce genre de repas commençait vers trois ou quatre heures de l'après-midi et se prolongeait jusqu'à la nuit.

sois averti d'avance, au cas où tu préférerais être absent au
moment du meurtre.

À cette vue et à ces mots, le vieil homme, comme s'il
assistait déjà à la réalisation de ce qu'il entendait, fou de
terreur :

— Au nom de toutes les obligations qui lient les enfants
à leurs parents, dit-il, mon fils, je te prie, je te supplie de
ne pas vouloir, sous les yeux de ton père, faire et endurer
toutes sortes de choses abominables. Il y a quelques heures
à peine que, jurant par tout ce qui relève des dieux, nous
avons, en joignant nos mains droites, engagé notre parole
et cela, pour que ces mains, consacrées par la foi jurée, au
sortir de cet entretien, nous les armions aussitôt contre
cet homme ? Tu te lèves de la table d'un hôte, tu es le
troisième Campanien à avoir été convié par Hannibal, pour
souiller cette table même par le sang d'un hôte ? J'ai pu,
en tant que père, apaiser Hannibal en faveur de mon fils
et je ne peux pas apaiser mon fils en faveur d'Hannibal !
Admettons cependant qu'il n'y ait rien de sacré, pas de
foi jurée, pas de religion, pas de piété ; osons des choses
abominables, à condition qu'avec le crime commis, elles
ne causent pas notre perte. Seul, tu vas, toi, attaquer
Hannibal ? Et cette foule si grande d'hommes libres et
d'esclaves ? Et tous ces yeux fixés sur lui seul ? Et tant de
bras ? Resteront-ils engourdis face à cet acte de folie ? Et
le regard d'Hannibal lui-même, que des armées sous les
armes ne peuvent soutenir, qui fait trembler le peuple
romain, toi, tu vas le soutenir ? À supposer que l'aide
des autres lui fasse défaut, tu soutiendras l'idée de me
frapper moi aussi, alors que de mon corps, je protégerai
celui d'Hannibal ? Or, c'est à travers ma poitrine que tu
devras le frapper et le percer de coups. Mais laisse-toi
dissuader ici plutôt que vaincre là-bas, que mes prières
aient de la force auprès de toi comme elles en ont eu pour
toi aujourd'hui !

Après quoi, voyant le jeune homme en larmes, il l'entoura de ses bras et, lui donnant un baiser sans desserrer son étreinte, il ne cessa pas ses prières avant d'avoir obtenu de lui qu'il déposât son épée et lui donnât sa parole de renoncer à son projet. Alors le jeune homme :

— L'affection, dit-il, que je dois à ma patrie, moi, du moins, je m'en acquitterai envers mon père. Mais, je te plains, toi qui dois supporter l'accusation d'avoir trois fois trahi ta patrie : la première fois, quand tu as pris l'initiative de la défection à l'égard des Romains, la deuxième, quand tu as été à l'origine de la paix conclue avec Hannibal, la troisième, aujourd'hui, quand tu m'as fait obstacle et m'as empêché de rendre Capoue aux Romains. Toi, ma patrie – cette épée dont je m'étais armé pour te sauver en entrant dans cette citadelle de nos ennemis –, puisque mon père me l'arrache, reçois-la !

À ces mots, il jeta le glaive dans la rue, au-delà du mur du jardin, et, pour éviter les soupçons, retourna lui-même au banquet.

Le lendemain, le sénat en nombre se réunit pour Hannibal. Au début de son discours, celui-ci multiplia les flatteries et les amabilités, remerciant les Campaniens d'avoir préféré son amitié à l'alliance de Rome, et promit, entre autres choses magnifiques, que Capoue serait bientôt la capitale de toute l'Italie et qu'ensuite, avec tous les autres peuples, le peuple romain aussi lui demanderait des lois.

Tite-Live, *Histoire romaine*, 23, 8 - 10, 1-2

Hannibal envoie son frère Magon à Carthage pour raconter les victoires obtenues. Inventaire impressionnant.

Tandis que cela se passait à Rome et en Italie, Magon, fils d'Hamilcar, était venu à Carthage pour annoncer la victoire de Cannes ; son frère ne l'avait pas envoyé directement après la bataille, mais il avait été retenu un certain nombre de jours, occupé à recevoir la soumission des cités du Bruttium qui faisaient défection. Comme on lui avait donné audience au sénat, il exposa ce qu'avait fait son frère en Italie. Celui-ci avait combattu en bataille rangée contre six généraux, dont quatre étaient consuls, deux, dictateur et maître de la cavalerie, et six armées consulaires[2] ; il avait tué plus de deux cent mille ennemis[3] et en avait fait prisonniers plus de cinquante mille ; sur quatre consuls, il en avait tué deux ; des deux autres, l'un avait été blessé, l'autre, après avoir perdu toute son armée, s'était sauvé avec cinquante hommes à peine. Le maître de la cavalerie, dont le pouvoir est celui d'un consul, avait été battu et mis en fuite ; le dictateur, parce qu'il ne s'est jamais risqué à engager une bataille, passe pour un général qui n'a pas son pareil. Les Bruttiens et les Apuliens, une partie des Samnites et des Lucaniens avaient fait défection en faveur des Carthaginois ; Capoue, qui est la capitale non seulement de la Campanie, mais aussi, une fois l'État romain abattu à la bataille de Cannes, de l'Italie, s'est livrée à Hannibal. Pour ces victoires, si importantes et si nombreuses, il est juste de témoigner aux dieux immortels de la reconnaissance.

Tite-Live, *Histoire romaine*, 23, 11, 7-12

2. Ce n'est pas 4, mais 5 consuls qu'Hannibal avait battus : Scipion au Tessin, Sempronius à la Trébie, Flaminius à Trasimène, Lucius Aemilius et Varron à Cannes. Hannibal n'avait livré aucun combat contre Fabius Maximus Cunctator, dictateur après Trasimène.

3. Ces chiffres sont très exagérés. Polybe parle de 70 000 morts et de 10 000 prisonniers ; Tite-Live de 45 500 fantassins et de 2 700 cavaliers (citoyens et alliés) tués ; pour Appien, il y eut, à Cannes, 50 000 Romains tués. Appien compte 100 000 morts, Romains et alliés confondus, dans les deux premières années de la guerre.

Il faut soutenir l'effort de guerre !

Pour apporter ensuite la preuve de succès si heureux, il fit déverser dans le vestibule de la curie des anneaux d'or qui formèrent un tel tas que, selon certains historiens, en en mesurant la moitié, on remplit plus de trois boisseaux. Mais la tradition qui a prévalu, plus proche de la vérité, c'est qu'il n'y en eut pas plus d'un boisseau. Il ajouta ensuite, pour prouver et augmenter l'importance de la défaite, que seuls, les chevaliers, et encore, parmi eux, les plus distingués, portaient cet insigne. Mais l'essentiel de son discours consista à dire que, plus approchait pour Hannibal l'espoir de terminer la guerre, plus il fallait l'aider par tous les moyens ; c'est qu'on faisait campagne loin de chez soi, en plein pays ennemi ; beaucoup de blé et d'argent était absorbé, et tant de batailles, si elles avaient détruit les armées ennemies, avaient sensiblement diminué aussi les ressources du vainqueur ; il fallait donc envoyer des renforts, envoyer de l'argent pour la solde ainsi que du blé pour les soldats qui avaient si bien mérité du nom carthaginois.

Tite-Live, *Histoire romaine*, 23, 12, 1-5

Nouvelle dissension au sein du sénat entre les Barca et Hannon le Grand.

Ces paroles de Magon remplirent tout le monde de joie et Himilcon, de la faction des Barca, jugeant que c'était le moment de s'en prendre à Hannon :

– Eh bien, Hannon, dit-il, on regrette encore maintenant la guerre entreprise contre les Romains ? Ordonne de livrer Hannibal ! Interdis, alors que la situation est si prospère, de rendre grâce aux dieux immortels ! Écoutons un sénateur romain dans la curie des Carthaginois[4] !

4. Himilcon fait allusion au discours prononcé par Hannon en 219-218, au sénat de Carthage.

Alors Hannon :

— Je me serais tu aujourd'hui, Pères conscrits, pour ne pas prononcer, alors que la joie est générale, des paroles qui vous causeront moins de plaisir ; mais puisqu'un sénateur me demande si je regrette encore qu'une guerre ait été entreprise contre les Romains, si je me taisais, je passerais soit pour un orgueilleux, soit pour avoir perdu mon indépendance ; dans le premier cas, je serais un homme ayant oublié la liberté d'autrui, dans le second, la sienne. À Himilcon, je réponds que je n'ai pas cessé de regretter la guerre et que je ne cesserai pas d'accuser votre général invincible avant d'avoir vu la guerre terminée à quelque condition acceptable ; et seule, une paix nouvelle mettra un terme au regret que j'ai de la paix d'autrefois. C'est pourquoi tous ces hauts faits que Magon vient de citer avec emphase peuvent bien, dès maintenant, causer la joie d'Himilcon et des autres créatures d'Hannibal : ils peuvent causer la mienne, parce que les succès remportés à la guerre, si nous voulons profiter de la situation, nous apporteront une paix plus équitable ; si, en effet, nous laissons passer cette occasion où nous pouvons avoir l'air d'accorder la paix plutôt que de l'accepter, je crains que cette joie elle aussi ne traduise pour nous un excès de feuilles et ne donne finalement aucun fruit. Et d'ailleurs, cette joie, aujourd'hui, de quelle nature est-elle ? – J'ai massacré des armées ennemies ; envoyez-moi des soldats ! – Que demanderais-tu d'autre, si tu avais été vaincu ? – J'ai pris deux camps ennemis. – Sans doute étaient-ils pleins de butin et de vivres ? – Donnez-moi du blé et de l'argent. – Que demanderais-tu d'autre, si tu avais été dépouillé, si tu avais été chassé de ton camp ? Et, pour ne pas être le seul à m'étonner sur tout – moi aussi, en effet, puisque j'ai répondu à Himilcon, j'ai le droit, reconnu par les hommes et les dieux, de poser des questions – je voudrais qu'Himilcon ou Magon me réponde ; puisqu'on a combattu à Cannes pour obtenir la destruction totale de l'Empire romain et qu'il est établi que toute l'Italie fait défection, première question : est-ce qu'un quelconque peuple de nom latin a fait défection en notre faveur ? Deuxième question : est-ce qu'un homme quelconque des trente cinq tribus est passé du côté d'Hannibal ?

Comme Magon répondait non aux deux questions :

– Donc, dit-il, il reste encore beaucoup trop d'ennemis. Mais ce grand nombre d'hommes, quel est son état d'esprit ? Quel est son espoir ? Je voudrais le savoir.

Magon disant qu'il ne le savait pas :

– Rien n'est plus facile à savoir, dit-il : les Romains ont-ils envoyé des ambassadeurs à Hannibal à propos de la paix ? En un mot, a-t-on appris chez vous qu'on ait parlé de paix à Rome ?

Comme, à cette question, il avait aussi répondu non :

– Donc la guerre est encore pour nous, dit-il, au même point que le jour où Hannibal est passé en Italie. Combien souvent la victoire a changé de camp au cours de la Première Guerre punique, nous sommes encore très nombreux à nous en souvenir. Jamais, sur terre et sur mer, notre situation ne parut meilleure qu'avant le consulat de C. Lutatius et d'A. Postumius ; mais, sous le consulat de Lutatius et de Postumius, nous avons été complètement battus aux Îles Égates[5]. Que si – puissent les dieux écarter ce présage ! – cette fois aussi, la situation change en quelque façon, alors, espérez-vous la paix quand nous serons vaincus, alors que maintenant où nous sommes vainqueurs, personne ne nous la donne ? Pour moi, si l'on nous consulte au sujet de la paix, qu'on doive la proposer à nos ennemis ou qu'on doive l'accepter, je sais quel avis je donnerai ; si vous mettez en délibération l'aide que demande Magon, je pense qu'il ne faut pas la fournir à des vainqueurs et, s'ils nous trompent avec de faux et de vains espoirs, encore moins, à coup sûr, je suis d'avis de la fournir.

5. Voir p. 10.

Le discours d'Hannon n'émut pas grand monde, car son hostilité envers la famille des Barca affaiblissait son poids ; en outre, tous, pris par l'allégresse du moment, ne voulaient rien entendre qui pût gâcher leur joie et pensaient que la guerre prendrait fin bientôt s'ils voulaient faire un petit effort. Aussi est-ce à une écrasante majorité qu'on vote un sénatus-consulte décidant d'envoyer à Hannibal, en renfort, quatre mille Numides, quarante éléphants et des talents d'argent ; en outre, un dictateur fut envoyé en avant en Espagne avec Magon pour y recruter comme mercenaires vingt mille fantassins et quatre mille cavaliers, afin de compléter les armées qui se trouvaient en Italie et en Espagne.

Tite-Live, *Histoire romaine*, 23, 12-13

Pendant qu'à Rome le dictateur M. Iunius Pera augmente son contingent en enrôlant des criminels.

Il ne se contenta pas des deux légions urbaines que les consuls avaient enrôlées au début de l'année[6] ni de la levée d'esclaves et de cohortes recrutées dans les territoires picéniens et gaulois, mais il en vint à un ultime recours pour sauver l'État alors dans une situation presque désespérée, où l'honneur le cède à la nécessité, et il prit un édit : si, parmi ceux qui étaient emprisonnés pour avoir commis un crime de sang et pour avoir été condamnés pour dettes, il en était qui s'engageaient comme soldats auprès de lui, il les ferait dispenser de châtiment et libérer de leur dette. Il fit armer six mille hommes avec les armes qui avaient été portées comme dépouilles lors du triomphe de C. Flaminius ; c'est ainsi qu'il quitta la ville avec vingt cinq mille hommes.

Tite-Live, *Histoire romaine*, 23, 14, 2-4

6. Au début de 216.

DE DÉFAITES EN DÉFAITES

Marcellus entre à Nola pendant qu'Hannibal erre en Italie. Il tente une nouvelle fois de prendre Naples et se rabat sur Nucéria qu'il affame.

Puis il assiège Nola en engageant des pourparlers secrets avec certains habitants.

Serait-ce pour Hannibal la première défaite en bataille rangée ? C'est ce qu'ont affirmé de nombreux écrivains et historiens dans l'Antiquité.

Hannibal qui avait, comme il l'avait fait pendant plusieurs jours, maintenu son armée en ligne une grande partie de la journée, fut d'abord étonné de ne pas voir l'armée romaine sortir par la porte ni le moindre homme en armes sur les remparts. Puis, pensant que les Romains avaient été mis au courant des entretiens et que la peur les maintenait à l'intérieur, il fait rentrer au camp une partie de ses soldats avec l'ordre d'apporter en hâte en première ligne tout le matériel nécessaire à l'attaque de la ville, bien convaincu que s'il tombait sur des gens hésitants, la plèbe provoquerait quelque émeute dans la ville. Alors que chacun court en désordre vers les premières lignes pour effectuer ce qu'il a à faire et que l'armée s'approche, Marcellus, la porte brusquement ouverte, ordonne de sonner le signal du combat et de pousser une clameur, et, les fantassins d'abord, les cavaliers ensuite, de lancer l'assaut le plus violent possible contre l'ennemi. Ils avaient déjà causé pas mal de peur et de désordre au centre de la ligne carthaginoise quand, sortant par les deux portes situées autour, les légats P. Valérius

Flaccus et C. Aurélius firent une sortie contre les ailes des ennemis. À leurs cris s'ajoutent ceux des muletiers, des valets d'armes et du reste de la foule placée à la garde des bagages, si bien qu'ils réussirent à donner l'impression aux Puniques, qui méprisaient avant tout le petit nombre de leurs adversaires, qu'il y avait là une armée devenue tout à coup immense. J'oserais à peine affirmer pour ma part, comme le font certains historiens, qu'il y eut deux mille huit cents tués chez les ennemis, alors que les Romains ne perdirent pas plus de cinq cents hommes ; mais, que la victoire eût été aussi importante ou moins, un exploit considérable fut accompli ce jour-là et peut-être fut-ce le plus grand dans cette guerre, car ne pas être vaincu par Hannibal était alors plus difficile qu'il ne l'a été par la suite de le vaincre.

Tite-Live, *Histoire romaine*, 23, 16, 10-16

Hannibal s'attaque à Casilinum. Deuxième défaite, d'autant plus honteuse que Maharbal, le fils d'Himilcon, vétéran des quatre précédentes grandes victoires, « reprochait à ceux qui avaient pris Sagonte d'assaut la mollesse de leur attaque contre une petite place située en plaine, en rappelant à chacun Cannes, Trasimène et la Trébie ».

Après avoir pillé et incendié Acerrae, Hannibal, à la nouvelle que le dictateur romain et de nouvelles légions étaient appelés à Casilinum et voulant éviter qu'à Capoue aussi, avec un camp ennemi si proche, ne se produisît quelque mouvement, conduit son armée à Casilinum. Casilinum, à cette époque, était tenue par cinq cents Prénestins, un petit nombre de Romains et des soldats de nom latin, poussés au même endroit par la nouvelle du désastre de Cannes. Ces hommes, alors qu'à Préneste la levée n'avait pas été terminée au jour dit, partis en retard de chez eux, étaient arrivés à Casilinum avant qu'on eût appris la défaite ; partis de Casilinum avec d'autres Romains et alliés qui s'étaient joints à eux, ils formaient dans leur marche une colonne assez importante quand la nouvelle de la bataille de Cannes leur fit rebrousser chemin vers Casilinum. Là, suspects aux Campaniens et les redoutant, ils avaient passé plusieurs jours à déjouer et, inversement, à tendre des pièges, de sorte que, quand ils furent bien certains qu'à Capoue on traitait de la défection et qu'Hannibal y était reçu, ils massacrèrent de nuit les habitants et occupèrent la partie de la ville située de ce côté-ci du Vulturne (celui-ci traverse en effet la ville) ; telle était la garnison que les Romains avaient à Casilinum. S'y ajoute une cohorte de soldats de Pérouse, quatre cent soixante hommes, poussés à Casilinum, quelques jours auparavant, par la même nouvelle que les Prénestins. À vrai dire, le nombre des soldats était plus que suffisant pour défendre des constructions si peu étendues et bordées d'un des deux côtés par le fleuve ; en raison de la pénurie de blé, il semblait même qu'il y avait trop d'hommes.

Hannibal, qui, déjà, n'était plus éloigné de la ville, envoie en avant des Gétules commandés par un préfet nommé Isalca, avec ordre, s'il y a possibilité d'entamer des pourparlers, d'engager d'abord ceux qui étaient à l'intérieur, par des paroles bienveillantes, à ouvrir les portes et à recevoir une garnison, mais, s'ils persistent dans leur entêtement, d'employer la force et de tenter de trouver un accès quelconque pour entrer dans la ville. Quand ils se furent approchés des remparts, comme le silence régnait, ils les crurent déserts ; le Barbare, pensant que la peur leur avait fait abandonner la place, s'apprête à faire enfoncer les portes et briser les verrous, quand, les portes brusquement ouvertes, deux cohortes qui avaient été formées à l'intérieur des murs précisément dans cette intention, opèrent une sortie dans un énorme tumulte et massacrent les ennemis. Le premier contingent ainsi repoussé, on envoya Maharbal avec des troupes plus nombreuses, mais il ne réussit pas lui non plus à résister à la sortie des cohortes. Finalement

Hannibal, plaçant son camp juste en face des remparts, se prépare à attaquer avec la plus grande violence et toutes ses troupes la petite ville et sa petite garnison ; en exerçant une forte pression, en provoquant l'ennemi et en entourant complètement les murs d'une couronne de troupes, il perdit un certain nombre d'hommes et même les plus déterminés, frappés par des projectiles lancés du rempart et des tours. Une fois, les assiégés ayant pris l'initiative d'une sortie, il les coupa presque de la ville en lançant contre eux une colonne d'éléphants qui les repoussa en désordre à l'intérieur, après en avoir tué une grande quantité, compte tenu de leur très petit nombre ; davantage seraient tombés si la nuit n'avait pas interrompu le combat. Le lendemain, tous brûlent d'attaquer, surtout après la promesse d'une couronne murale en or et alors que leur chef lui-même reprochait à ceux qui avaient pris Sagonte d'assaut la mollesse de leur attaque contre une petite place située en plaine, en rappelant à chacun, ou à tous pris collectivement, Cannes, Trasimène et la Trébie. On commença alors à utiliser des mantelets et des sapes, mais, pour faire face aux diverses tentatives des ennemis, aucune force, aucune ingéniosité ne faisait défaut aux alliés des Romains ; ils construisirent des ouvrages de défense avancée contre les mantelets, interceptèrent par des sapes transversales les sapes des ennemis et menaient des contre-offensives contre tout ce qui était entrepris ouvertement ou en cachette ; finalement, ce fut la honte qui détourna Hannibal de son projet ; après avoir fortifié son camp et y avoir installé une petite garnison, pour ne pas avoir l'air d'abandonner l'affaire, il se retira à Capoue pour y prendre ses quartiers d'hiver.

Tite-Live, *Histoire romaine*, 23, 17, 7 - 18, 9

Au cours d'un hiver sûrement mémorable, Hannibal et ses troupes, après avoir souffert du froid des Alpes, de l'humidité des marécages de la plaine du Pô et de ses épidémies, des nombreuses batailles et sièges éprouvants, goûtent aux délices de Capoue. Vérité ou affabulation ? Est-ce une des raisons de la lente descente des Carthaginois vers la défaite ?

Là, pendant la plus grande partie de l'hiver, il maintint dans les maisons une armée qui avait été souvent et longuement en butte à toutes les souffrances humaines et qui n'avait ni l'expérience ni l'habitude du bien-être. Aussi des hommes qu'aucune souffrance, quelle qu'en fût la violence, n'avait vaincus furent-ils perdus par l'excès de bien-être et de plaisirs sans mesure, et, cela d'autant plus intensément qu'ils s'y étaient plongés, en raison du manque d'habitude, avec plus d'avidité. Le sommeil, en effet, les bons repas, les prostituées, les bains, l'inaction enfin, toutes choses que l'accoutumance rendait chaque jour plus attirantes, leur avaient à ce point enlevé toute vigueur physique et morale que, par la suite, leurs victoires passées les protégèrent davantage que leurs forces du moment et que, pour les experts dans l'art militaire, leur chef parut avoir commis là une faute plus grave que celle qui avait consisté à ne pas les avoir conduits sans s'arrêter à Rome depuis le champ de bataille de Cannes ; si, à ce moment-là, son hésitation avait pu paraître avoir seulement retardé la victoire, cette erreur-ci sembla les avoir privés de leurs forces pour vaincre. Oui, vraiment, c'est pour cette raison que, comme s'il sortait de Capoue avec une autre armée, rien, nulle part, ne demeura de l'ancienne discipline. La plupart des soldats en revinrent, en effet, encombrés de prostituées, et dès qu'on commença à les tenir sous des tentes et qu'ils eurent à affronter des marches et autres exercices militaires fatigants, tels de jeunes recrues, ils manquaient de forces physiques et morales ; par la suite, pendant toute la campagne d'été, une grande partie d'entre eux quittait les enseignes sans permission et les déserteurs n'avaient pas d'autre cachette que Capoue.

Tite-Live, *Histoire romaine*, 23, 18, 10-16

Les beaux jours revenus, Hannibal reprend le siège de Casilinum. Une faim terrible sévit dans la ville.

Finalement, ils en vinrent à un tel degré de disette qu'ils essayaient de mâcher le cuir et les peaux enlevés aux boucliers après les avoir amollis dans de l'eau bouillante, qu'ils allèrent jusqu'à manger des rats et d'autres animaux et qu'ils arrachaient toutes sortes d'herbes et de racines sur les remblais situés au bas des remparts. Et, comme les ennemis avaient labouré tout le terrain herbeux situé en dehors des murs, ils y jetèrent des graines de raves, si bien qu'Hannibal s'écria :

— Vais-je, pendant qu'elles poussent, rester devant Casilinum ?

(…) La place de Casilinum fut rendue aux Campaniens, renforcée par une garnison de sept cents soldats prise sur l'armée d'Hannibal, pour empêcher les Romains d'attaquer la ville quand le Punique s'en serait éloigné.

Tite-Live, *Histoire romaine*, 23, 19, 13-14 et 20, 1

Pendant ce temps, d'Espagne, Asdrubal tente d'atteindre lui aussi l'Italie.
Les Scipion se jettent à sa poursuite avant qu'il n'y parvienne. Le destin de Rome en dépend.
En Italie du sud, des villes tombent aux mains des Carthaginois.

215, troisième année de la guerre. Ides de mars. « À la place de Marcellus, quand celui-ci eut abdiqué sa magistrature, on nomma Q. Fabius Maximus consul pour la troisième fois. ». Pendant qu'à Carthage…

Sur ces entrefaites, à Carthage, où Magon, le frère d'Hannibal, s'apprêtait à faire passer en Italie douze mille fantassins, mille cinq cents cavaliers, vingt éléphants et mille talents d'argent, avec une flotte de soixante navires de

guerre, on annonce qu'en Espagne, on avait subi une défaite
et que presque tous les peuples de cette province avaient
fait défection en faveur des Romains. Certains souhaitaient
que Magon, renonçant à l'Italie, allât en Espagne avec cette
flotte et ces troupes, quand soudain brilla l'espoir de reprendre la Sardaigne (…) ils envoient Magon avec sa flotte et
ses troupes en Espagne ; pour la Sardaigne, ils choisissent
Asdrubal[1] comme chef et lui attribuent presque autant de
troupes qu'à Magon.

Tite-Live, Histoire romaine, 23, 32, 5-12

Pendant ce temps, Hannibal et Philippe V de Macédoine, dont
Rome redoute l'audace, concluent un traité d'amitié.

Le roi Philippe passerait en Italie avec une flotte aussi
forte que possible – il semblait en état de réunir deux cents
navires –, ravagerait la région côtière et ferait de son côté la
guerre sur terre et sur mer ; quand celle-ci serait terminée,
toute l'Italie, avec la ville de Rome elle-même, reviendrait aux Carthaginois et à Hannibal, tout le butin irait à
Hannibal ; une fois l'Italie soumise, ils passeraient en Grèce
et y combattraient les ennemis choisis au gré du roi ; les
villes du continent et les îles situées du côté de la Macédoine
appartiendraient à Philippe et à son royaume.

Tite-Live, Histoire romaine, 23, 33, 10-12

Les Carthaginois subissent d'autres défaites. Cumes, autre port
convoité, résiste à Hannibal et Hannon est chassé de Lucanie.

Hannibal attaque Nola pour la seconde fois. Marcellus résiste
et galvanise ses troupes en citant cette formule qui devint célèbre

---

1. Cet Hasdrubal, surnommé Calvus, qui sera fait prisonnier
par les Romains est inconnu par ailleurs.

dans l'Antiquité et qui, décidemment, en dit long sur les délices de Capoue.

Marcellus invite les siens à serrer de près des hommes qui avaient été vaincus l'avant-veille, qui avaient été chassés de Cumes quelques jours auparavant, qui avaient été, l'année précédente, repoussés de Nola par le même général, lui-même, avec d'autres troupes :

— Ils ne sont pas tous en ligne, ils errent en pillards dans la campagne, et ceux qui se battent sont amollis par les débauches de Capoue ; pendant tout l'hiver, le vin, les femmes et tous les bas-fonds les ont épuisés. Disparues, l'énergie et la vigueur, évanouie, la force physique et morale qui leur ont permis de franchir les chaînes des Pyrénées et des Alpes. Ce sont les restes de ces hommes, pouvant à peine soutenir leurs armes et leurs membres, qui se battent. Capoue a été la Cannes d'Hannibal. C'est là que leur valeur guerrière, là que leur discipline militaire, là que leur réputation passée, là que leur espoir en l'avenir ont été anéantis.

Tite-Live, *Histoire romaine*, 23, 45, 1-4

Hannibal fait de même, désespérément. Des cavaliers numides et espagnols passent même à Marcellus.

Tandis qu'en critiquant ainsi l'ennemi, Marcellus cherchait à exalter le moral de ses hommes, Hannibal adressait aux siens des reproches beaucoup plus graves ; il reconnaît les armes et les enseignes : ce sont les mêmes que celles qu'il a vues et eues à la Trébie et à Trasimène et, enfin, à Cannes ; il a amené assurément un soldat prendre les quartiers d'hiver à Capoue, mais c'est un autre maintenant qu'il emmène.

— C'est en combattant contre un légat romain, contre une seule légion et son aile que, malgré beaucoup d'efforts, vous avez peine à lutter, vous, devant qui, à chaque fois, deux armées consulaires n'ont jamais pu tenir ! Marcellus, avec de jeunes recrues et des gens de Nola en réserve, nous harcèle désormais pour la seconde fois, sans que nous nous soyons vengés ? Où est-il celui de mes soldats qui a jeté le consul C. Flaminius à bas de son cheval et l'a décapité ? Où est-il celui qui a tué L. Aemilius à Cannes ? Votre épée est-elle maintenant émoussée, vos bras engourdis, ou bien y a-t-il là quelque autre prodige ? Vous qui saviez vaincre, quand vous étiez inférieurs en nombre, des soldats plus nombreux, maintenant que vous êtes plus nombreux, vous avez peine à résister à des hommes inférieurs en nombre. Vous vous vantiez, braves en paroles, de prendre Rome d'assaut, si quelqu'un vous y conduisait. Eh bien, cette fois, c'est une affaire de moindre importance ; ici, je veux éprouver votre valeur et votre courage. Prenez d'assaut Nola, une ville de plaine, qui n'a ni rivière, ni mer autour d'elle ! C'est à partir d'ici, à partir d'une ville si riche que, chargés de butin et de dépouilles, je vous emmènerai où vous voulez ou que je vous suivrai.

Tite-Live, *Histoire romaine*, 23, 45, 5-10

Automne 215 à début 213, période de transition. La guerre se déplace en Sicile et en Espagne où les Romains reprennent Sagonte, la ville à l'origine de la guerre. On parle peu d'Hannibal qui tente pour une troisième fois de prendre Nola. Des batailles d'importance historique, comme celle de Trasimène et de Cannes, ne sont déjà plus ressenties comme des désastres mais comme des exemples utiles servant surtout à montrer ce qu'il ne faut plus faire, comme le dit Fabius dans son discours à l'occasion des élections de 214.

Seul le siège de Syracuse est marquant avec l'intervention ingénieuse d'Archimède et l'éloge faite par un Tite-Live nationaliste d'un adversaire de Rome. Polybe consacre cinq chapitres au savant (8, 3-7) et dit entre autres : « Les Romains n'avaient pas prévu que, dans certaines circonstances, un seul cerveau est plus efficace que toute la main d'œuvre du monde... Quelle grande, quelle admirable chose, on le voit, qu'un seul homme, un seul cerveau à la mesure de certaines situations ! »

Le livre 24 de Tite-Live relate également la première confrontation en Afrique de l'allié de Rome Syphax contre celui de Carthage
Massinissa. Deux hommes qui compteront dans les dernières années
du conflit.

Un autre allié de Carthage, Philippe V débarque en Illyrie avec
six cents hommes et repart vaincu, en ayant risqué sa vie, surpris
à moitié nu lors de l'attaque de son camp. Il incendie sa flotte et
rentre à pied en Macédoine.

L'année 211 marque le début du redressement romain. Les deux
adversaires, se sont trouvés à égalité : les revers romains, avec la
perte de Tarente et la mort des deux Scipion en Espagne, l'emportent
encore sur les succès ; il faudra la prise de Capoue et l'alliance avec
les Étoliens pour rétablir l'équilibre. Les troupes romaines menées
par Fabius Maximus, le fils du Cunctator, vont maintenant voler
de victoire en victoire. Le livre 25 de Tite-Live clôt donc la période
la plus noire de la guerre, nettement séparée du versant lumineux de
la troisième décade. Avec la prise de Syracuse où Archimède trouve
la mort et le début du siège de Capoue, ce sont les prémices de la
grande contre-offensive romaine.

Au siège de Tarente, Hannibal tente le tout pour le tout. La
citadelle paraît imprenable. Qu'importe ! Il l'attaquera par terre
et par mer avec ses navires qu'il fera transporter dans les rues de la
ville pour les placer au milieu du port face aux assiégés.

Le lendemain, Hannibal mena ses troupes à l'attaque de
la citadelle ; mais la voyant enclose du côté de la mer, qui la
baigne, comme une presqu'île, sur la majeure partie de son
pourtour, par de très hautes parois rocheuses, et du côté de
la ville elle-même, par un mur et un fossé de dimensions
imposantes, et par conséquent impossible à prendre d'assaut
ou par des travaux de siège, pour éviter d'être lui-même
retenu, aux dépens d'opérations plus importantes, par le
souci de défendre les Tarentins, ou, s'il laissait les Tarentins
sans une solide garnison, de permettre aux Romains de les

attaquer de la citadelle quand ils le voudraient, il décida de séparer la ville de la citadelle par un retranchement, non sans espérer aussi pouvoir engager la lutte contre les Romains, au cas où ils chercheraient à empêcher les travaux, et, s'ils s'avançaient avec trop d'audace, réduire, par un grand massacre, les forces de la garnison, à tel point que les Tarentins pourraient facilement défendre seuls leur ville contre eux. Quand on eut commencé les travaux, la porte s'ouvrit tout à coup, et les Romains assaillirent les ouvriers ; le détachement qui protégeait les travaux se laissa déloger, pour amener les Romains, enhardis par leur succès, à poursuivre en plus grand nombre et plus loin les ennemis qu'ils avaient fait reculer. Alors, sur un signal, se dressèrent de tous côtés des Carthaginois, qu'Hannibal avait gardés prêts pour cela ; et les Romains ne soutinrent pas le choc, mais ils ne pouvaient fuir librement, étant gênés par le manque d'espace et par les obstacles que formaient, ici, les travaux déjà commencés, là, le matériel nécessaire à ces travaux : la plupart tombèrent dans le fossé, et plus d'hommes furent tués dans la fuite que dans le combat. Dès lors, on put reprendre les travaux sans aucune opposition. On trace un très grand fossé, on élève derrière lui une palissade, et, à quelque distance, parallèlement, Hannibal se dispose à faire encore construire un mur, pour que, même sans garnison, les habitants pussent se défendre contre les Romains. Il leur laissa cependant une modeste garnison, pour les aider en même temps à achever le mur ; lui-même, partant avec le reste de ses troupes, alla établir son camp près du Galèse, fleuve qui se trouve à cinq milles de la ville.[2]

Revenu de ce campement pour inspecter les travaux, et voyant qu'ils avaient avancé sensiblement plus vite qu'il ne l'aurait cru, il conçut l'espoir de s'emparer aussi de la citadelle. De fait, elle n'est pas, comme les autres, protégée

---

2. 7,5 km.

par sa hauteur : située en terrain plat, elle n'est séparée de la ville que par un mur et un fossé. Alors qu'il l'attaquait déjà avec des machines de toutes sortes et des travaux de siège, l'arrivée d'un renfort envoyé de Métaponte donna aux Romains le courage d'assaillir de nuit, par surprise, les ouvrages des ennemis. Ils détruisirent les uns, incendièrent les autres, et ce fut la fin de la tentative d'Hannibal pour attaquer la citadelle de ce côté[3]. Restait l'espoir d'un blocus ; et encore ne pouvait-il pas être suffisamment efficace, parce que les occupants de la citadelle, qui, située sur une presqu'île, domine le goulet du port, communiquaient librement avec la mer, tandis que la ville se trouvait fermée aux convois maritimes, de sorte que les assiégeants étaient plus près de la famine que les assiégés. Hannibal, convoquant les principaux citoyens de Tarente, leur exposa toutes les difficultés présentes : il ne voyait pas le moyen de prendre d'assaut une citadelle aussi forte, et n'espérait rien non plus d'un blocus, tant que les ennemis seraient maîtres de la mer ; en revanche, s'il avait des navires pour empêcher les convois de parvenir à la citadelle, aussitôt les ennemis la quitteraient ou se rendraient. Les Tarentins approuvaient ; mais ils estimaient que celui qui donnait ce conseil devait aussi leur donner le moyen de le mettre à exécution : « Des navires carthaginois, venus de Sicile, pouvaient réaliser son projet ; quant aux leurs, enfermés qu'ils étaient à l'intérieur d'un golfe étroit, avec l'entrée du port bloquée par l'ennemi, comment pourraient-ils en sortir pour gagner la mer libre ? »

— Ils en sortiront, dit Hannibal. Avec de l'habileté, on vient à bout de bien des situations naturellement embarrassantes. Votre ville est située en plaine ; des rues plates et de bonne largeur s'y ouvrent dans toutes les directions. Par celle qui, traversant la ville, relie le port à la mer, je transporterai

---

3. C'est-à-dire par la terre.

vos navires sur des chariots sans grande difficulté, et la mer, dont nos ennemis ont maintenant la maîtrise, sera à nous ; nous assiégerons la citadelle d'un côté par mer, de l'autre par terre ; mieux, d'ici peu nous la prendrons, abandonnée par les ennemis ou avec les ennemis eux-mêmes.

Ce discours suscita non seulement l'espoir de réussir, mais encore une immense admiration pour le général carthaginois. Aussitôt, de toutes parts, on réunit des chariots, et on les attacha les uns aux autres ; on amena des machines pour tirer les bateaux à terre ; on aménagea le chemin pour rendre les chariots plus faciles à traîner et le transport moins pénible. Puis on rassembla des animaux de trait et des hommes, et on se mit activement à l'ouvrage ; et peu de jours après, une flotte tout armée et équipée contourne la citadelle et jette l'ancre juste devant l'entrée du port. Telle est la situation qu'Hannibal laisse à Tarente, tandis que lui-même retourne à ses quartiers d'hiver.

Tite-Live, *Histoire romaine*, 25, 11, 1-20

Année 211 jusqu'au milieu de 209. Après 8 années (218-211) désastreuses ou peu favorables pour Rome, 9 autres (210-202) vont la conduire peu à peu vers la victoire. L'année 210 est un tournant dans le livre charnière 26 de Tite-Live.

Cette année, la guerre est menée sur terre et sur mer par 25 légions, le plus grand effectif jamais engagé dans le conflit.

Hannibal tente en vain de prendre Capoue et décide de marcher sur Rome.

Hannibal, cependant, voyant qu'il ne pouvait ni attirer davantage les ennemis au combat ni faire une percée jusqu'à Capoue à travers leur camp, se résolut, pour que ses propres convois ne fussent pas, eux aussi, interceptés par les nouveaux consuls, à abandonner une vaine entreprise et à éloigner son camp de Capoue. Comme il réfléchissait aux nombreux endroits où il pouvait se diriger désormais, soudain lui vint l'envie de marcher sur Rome, le véritable cerveau de la guerre : qu'il eût laissé passer l'occasion, après la bataille de Cannes, d'atteindre cet objectif toujours convoité, on le murmurait un peu partout et lui-même ne le cachait pas ; grâce à l'épouvante et à la panique provoquées par la surprise, on ne devait pas désespérer de pouvoir occuper une partie de la ville ; et, si Rome se trouvait en danger, on verrait aussitôt soit les deux généraux romains, soit l'un des deux, abandonner Capoue ; en outre, quand ils auraient divisé leurs forces, tous les deux seraient affaiblis : du coup, lui-même ou les Campaniens se verraient offrir l'occasion de remporter un succès. Une seule préoccupation le tourmentait : éviter, dès après son départ, une reddition immédiate des Campaniens. Par des présents, il gagne un Numide prêt à tout faire et à tout oser et obtient de lui que, muni d'une lettre, il entre dans le camp romain sous l'aspect d'un transfuge et que, utilisant une autre issue, il s'introduise à la dérobée dans Capoue. La lettre consistait surtout en exhortations : « Son départ leur serait salutaire, car il amènerait les généraux romains et leurs armées à abandonner le siège de Capoue pour aller défendre Rome ; qu'ils ne perdent pas courage ! en patientant tout juste quelques jours, ils se libéreraient totalement du siège ». Il donne alors l'ordre de faire remonter les embarcations prises sur le Vulturne jusqu'au fortin qu'il avait déjà fait construire pour couvrir l'opération. Une fois informé qu'elles étaient assez nombreuses pour que son armée pût traverser en une seule nuit, il conduisit ses troupes de nuit jusqu'au fleuve – il avait fait préparer dix jours de vivres – et le traversa avant l'aube.

Tite-Live, *Histoire romaine*, 26, 7

À Rome, on s'organise. Divergence totale avec Polybe (9, 6, 1, 2) pour qui, au contraire, l'arrivée d'Hannibal près de Rome constitua une surprise pour tout le monde ; la panique y fut d'autant plus grande que la population en avait conclu que les armées romaines devant Capoue avaient été anéanties.

On n'entendait pas seulement les pleurs des femmes venant des domiciles privés ; de tous côtés on voyait les mères de famille, çà et là, dans les rues, courant autour des temples des dieux, balayant les autels de leur chevelure dénouée, agenouillées, tendant leurs mains ouvertes vers le ciel et vers les dieux, et les priant d'arracher la ville de Rome aux mains des ennemis et de garder sans souillure les mères romaines et leurs jeunes enfants. Le sénat se tenait sur le forum, à la disposition des magistrats, au cas où ceux-ci voudraient le consulter sur quelque question. Les uns reçoivent des ordres et s'éloignent pour remplir chacun le rôle qu'impliquaient ses fonctions, d'autres offrent leurs services, si l'on a, à quelque égard, besoin de leur aide. On place des postes de garde dans la citadelle, au Capitole, sur les remparts, autour de la Ville, même sur le Mont Albain et dans la citadelle d'Aefula. Au milieu de cette agitation, on annonce que le proconsul Q. Fulvius a quitté Capoue avec son armée ; (…) Après avoir dévasté avec un acharnement particulier, parce qu'on y avait coupé les ponts, le territoire de Frégelles, Hannibal traverse ceux de Frosino, de Ferentinum et d'Anagnia et arrive dans celui de Labicum. De là, par l'Algide, il gagna Tusculum et, n'ayant pas été accueilli dans ses murs, descendit au pied de Tusculum, vers la droite, à Gabies. De là, il conduisit son armée dans la région pupinienne et établit son camp à huit mille pas de Rome[4]. Plus l'ennemi approchait, plus augmentait le massacre des fuyards sous les coups des Numides de l'avant-garde, et plus nombreux étaient les prisonniers de toutes sortes et de tout âge. (…)

4. 12 km.

Hannibal alla établir son camp au bord de l'Anio, à trois mille pas de la Ville[5]. Là, il installa un camp fixe et il s'avança lui-même avec deux mille cavaliers, en direction de la porte Colline, jusqu'au temple d'Hercule, et, d'aussi près que possible, il examina, en les longeant à cheval, les remparts ainsi que la situation de la Ville. Qu'il pût agir ainsi en toute liberté et en toute tranquillité parut scandaleux à Flaccus ; aussi lança-t-il contre lui ses cavaliers, avec ordre de repousser et de ramener dans son camp la cavalerie ennemie. Le combat s'étant engagé, les consuls ordonnèrent aux transfuges numides qui se trouvaient alors sur l'Aventin, au nombre de mille deux cents, de traverser les Esquilies, en passant par le milieu de la Ville ; aucune autre troupe, selon eux, ne serait mieux à même de combattre au milieu de terrains en contrebas, de constructions entourées de jardins, des tombeaux et des chemins creux que l'ont trouvait partout. Comme, du haut de la citadelle et du Capitole, des gens les avaient vus descendre à cheval le Clivus Publicius, ils se mirent à crier que l'Aventin était pris. La nouvelle provoqua un tel désordre et une telle panique que, si le camp punique n'avait pas été hors de la Ville, toute cette multitude épouvantée se serait précipitée à l'extérieur ; pour l'heure, ils se réfugiaient dans les maisons et sur les toits et bombardaient à coups de pierres et de projectiles, en les prenant pour des ennemis, des hommes qui faisaient partie des leurs et passaient par les rues. Impossible de réprimer le désordre et de dévoiler l'erreur, les voies d'accès étant remplies d'une foule de paysans et de troupeaux qu'une panique soudaine avait jetés dans la Ville. Le combat de cavalerie se termina avec succès et les ennemis furent repoussés. En outre, comme, en de nombreux endroits, il fallait réprimer des troubles qui éclataient sans raison, on décida d'investir de l'*imperium* tous les anciens dictateurs, consuls

5. 4,5 km.

ou censeurs, et cela, jusqu'à ce que l'ennemi se fût éloigné des remparts. De fait, pendant le reste de la journée et la nuit qui suivit, il y eut beaucoup de désordres provoqués sans raison, puis réprimés.

Le lendemain, Hannibal franchit l'Anio et mit toutes ses troupes en bataille ; ni Flaccus ni les consuls ne refusèrent le combat. De chaque côté les armées avaient été rangées en ligne pour courir le risque d'une bataille dans laquelle le prix du vainqueur devait être la ville de Rome : or, une énorme averse de pluie, mêlée de grêle, jeta un tel désordre dans les deux armées que les soldats eurent de la peine à garder leurs armes en main et se réfugièrent dans leur camp, cela, alors qu'ils ne craignaient rien moins que l'ennemi. Le lendemain aussi, au même endroit, les troupes mises en ligne furent séparées par le même mauvais temps. Une fois celles-ci réfugiées dans leur camp, le ciel, chose étonnante, devenait pur et le temps calme. Les Carthaginois attribuèrent à ce phénomène une signification religieuse et l'on entendit Hannibal déclarer, à ce qu'on dit, que « lui était refusée tantôt l'intention, tantôt l'occasion de prendre Rome ».

(…)

Il ramena son camp vers la Tutia, à six milles de la Ville[6]. De là, il poursuit sa route jusqu'au bois sacré de Feronia, sanctuaire alors célèbre par ses richesses. Les Capénates et les habitants du voisinage y portaient les prémices de leurs récoltes et toutes sortes d'offrandes, suivant leurs ressources : de ce fait, l'abondance de l'or et de l'argent faisait la parure de leur temple. C'est de toutes ces offrandes qu'il fut alors dépouillé ; des tas de bronze non monnayé – les soldats, saisis d'une crainte religieuse, en jetaient des morceaux – furent trouvés après le départ d'Hannibal.

Tite-Live, *Histoire romaine*, 26, 9, 7-11. 10, 3 – 11, 9

6. 9 km.

Affamée, Capoue capitule et se rend aux Romains.

Les sénateurs campaniens restants sont jugés par les consuls et immédiatement passés par les haches des licteurs.

À ce stade du récit, les deux adversaires ont atteint l'équilibre de leurs défaites et de leurs victoires. « La Fortune égalisant les résultats, tout restait en suspens dans les deux camps ; l'espoir restait entier, la crainte entière, comme si c'était à ce moment-là qu'ils commençaient la guerre ». Bientôt le destin de Carthage va basculer vers la destruction totale...

En 210, à Rome, on décide de nommer à la tête de l'armée d'Espagne un chef à la hauteur. Difficile de trouver un candidat alors que « le vide du Trésor était à faire honte » d'après l'historien latin Orose et que les deux précédents généraux avaient disparu de façon dramatique un an auparavant. Ce sera Scipion âgé de 24 ans, fils de P. Cornelius Scipion tombé en Espagne. Son premier exploit sera de prendre Carthagène.

Été 210 à celui de 207. Ces trois années mettent fin aux opérations menées par Hannibal en Italie. Grâce à quatre généraux romains qui cernent l'ennemi. Marcellus, déjà deux fois consul en 210 et en 208, vainqueur de Nola et de Syracuse, apparaît comme le seul à oser affronter Hannibal en bataille rangée. Il sera malheureusement tué dans une embuscade montée par ce dernier. Claudius Néron prend sa revanche en remportant la victoire décisive du Métaure. Fabius Maximus le Cunctator réussit à reprendre Tarente. Il n'y a que Scipion qui soit en retrait, laissant même échapper l'armée d'Asdrubal qui a décidé d'atteindre l'Italie. Il se montre meilleur en fin diplomate : il est généreux avec les chefs espagnols conquis et libère Massiva, le neveu de Massinissa. Ce qui le rend redoutable aux yeux des généraux carthaginois.

En face d'eux, Asdrubal passe les Pyrénées et traverse les Alpes en deux mois alors que son frère le fit en six et va perdre la tête au Métaure avec ses mercenaires gaulois glanés dans la plaine du Rhône.

Quant à Hannibal, il est toujours aussi pugnace et expert en ruses et en embuscades de tout genre. Celle qu'il organisa contre Marcellus fut fatale à ce dernier mais après la défaite du Métaure et la perte de son frère, il se réfugiera au fond du Bruttium dont il ne sortira plus avant son départ pour l'Afrique en 203.

Été 208 à celui de 206. Cette période voit l'évacuation totale de l'Espagne par les Carthaginois, fait déterminant pour l'issue de la guerre et l'irrésistible ascension de Scipion. Quant à Hannibal, plus rien n'est tenté contre lui. Il reste seul au bout de la botte italienne, abandonné de Carthage et tentant de contenir ses troupes qui peuvent à tout moment se rebeller.

Été 205 à fin 204, des premiers préparatifs sont faits, en Italie même, par Scipion qui vient d'être élu consul, avant son départ pour la Sicile, province qui lui a été officiellement attribuée, avec autorisation de passer en Afrique. En même temps est annoncée l'arrivée de Magon en Ligurie et, par là, la nouvelle menace d'une troisième invasion des Puniques par le nord de l'Italie.

Contre Hannibal, on ne fit rien cette année-là : il ne lança lui-même aucune offensive, ayant reçu si récemment une blessure qui touchait à la fois sa patrie et sa famille ; pas davantage, les Romains n'allèrent le provoquer alors qu'il restait tranquille : si grande était la force qui résidait, pensaient-ils, dans la seule personne de ce chef, même si tout s'écroulait autour de lui. Je me demande d'ailleurs s'il ne fut pas plus digne d'admiration dans l'adversité que dans la prospérité, lui qui, dans un pays ennemi, pendant treize ans, si loin de chez lui, faisait la guerre avec des fortunes diverses, avec une armée formée non pas de compatriotes, mais d'un agrégat confus de troupes appartenant à toutes les nations, qui n'avaient en commun ni loi, ni coutume, ni langue, chez lesquelles différait le vêtement, différaient les armes, différaient les usages, différaient les pratiques du culte, différaient presque les dieux ; ces gens-là, il les avait unis à ce point par une sorte de lien spécial qu'il n'y eut pas entre eux ni contre leur chef une seule révolte, et cela, alors que, se trouvant dans un pays ennemi, et l'argent pour la solde et les vivres lui faisaient défaut, défaut qui, lors de la Première Guerre punique, avait été à la source de beaucoup de crimes abominables dans les rapports entre généraux et soldats. Après la destruction de l'armée d'Asdrubal et de son chef – c'est en eux qu'avaient été placés tous les espoirs de victoire – alors que, en se retirant à la pointe du Bruttium, Hannibal avait évacué tout le reste de l'Italie, qui ne trouverait étonnant qu'il ne se soit pas produit dans son camp la moindre agitation ? Aux autres difficultés s'était ajouté le fait qu'il n'avait même pas l'espoir de nourrir son armée ailleurs que sur le territoire du Bruttium, lequel, eût-il été cultivé dans sa totalité, était trop exigu pour nourrir une si grande armée ; or, la plus grande partie de la jeunesse était écartée de la culture des champs par une seule activité, la guerre ; à quoi s'ajoutait l'habitude, ancrée dans les mœurs de ce peuple en vertu d'une tendance vicieuse, de faire campagne en maraudant ; on ne leur envoyait rien non plus de Carthage, où l'on ne se souciait que du moyen de garder l'Espagne, comme si tout allait bien en Italie.

Tite-Live, *Histoire romaine*, 28, 12

Chez les Bruttiens, presque rien de mémorable n'eut lieu cette année-là. Une épidémie qui s'était abattue sur eux provoqua autant de pertes chez les Romains que chez les Carthaginois, à cette réserve près que l'armée punique souffrit non seulement de la maladie, mais aussi de la faim. Hannibal passa l'été près du temple de Junon Lacinia ; il y fit construire un autel, qu'il dédia avec une très longue inscription gravée en lettres puniques et grecques, racontant ses exploits[7].

Tite-Live, *Histoire romaine*, 28, 46, 15-16

7. Voir p. 42.

C. Laelius débarque en Afrique. Carthage est terrorisée. La chance a tourné. Les bruits courent que Scipion en personne est sur son sol. Hannibal, basé à Crotone en Italie, ne fait plus parler de lui. Il semble qu'on l'ait définitivement abandonné.

Une dernière tentative mise en échec à Crotone.

L'été pendant lequel ces opérations eurent lieu en Afrique, le consul Publius Sempronius, qui avait pour province le Bruttium, rencontra Hannibal en pleine marche dans un combat livré à l'improviste, sur le territoire de Crotone. Ce fut un affrontement entre colonnes plus qu'une bataille en ligne. Les Romains furent repoussés et ce qu'on nommerait plus justement mêlée que combat coûta la vie à environ douze cents hommes de l'armée du consul. On regagna le camp dans la confusion, sans pourtant que l'ennemi osât l'assiéger. Mais, dans le silence de la nuit suivante, le consul en partit, après avoir fait prévenir le proconsul Publius Licinius d'approcher ses légions, et opéra la jonction des troupes. Ce furent ainsi deux généraux et deux armées qui revinrent contre Hannibal ; on engagea le combat sans tarder, le consul étant encouragé à la vue de ses forces doublées, le Punique par sa récente victoire. Sempronius conduisit ses légions en première ligne ; dans les réserves, on plaça celles de Publius Licinius. Le consul, au début de la bataille, voua un temple à la Fortune Primigénie, pour le cas où ce jour-là il déferait l'ennemi ; et son vœu se réalisa. Les Puniques furent ainsi défaits et mis en fuite ; plus de quatre mille de leurs soldats furent tués, on en prit un peu moins de trois cents vivants, ainsi que cinquante chevaux et onze enseignes militaires. Ébranlé par ce revers, Hannibal ramena son armée à Crotone.

Tite-Live, *Histoire romaine*, 29, 36, 4-9

Années 204 à 201. C'est la marche des Romains vers la victoire. Succès en Afrique avec la bataille des Grands-Champs.

Hannibal est rappelé d'urgence. « Pour la défense de Carthage elle-même, il ne restait plus d'autre capitaine qu'Hannibal, d'une armée que celle d'Hannibal » (30, 9, 8)

Fin de l'été 203, Hannibal quitte à regret l'Italie sur ordre du sénat de Carthage.

Ce fut, dit-on, avec des frémissements de rage, avec de profonds soupirs et les yeux pleins de larmes qu'Hannibal entendit les paroles des envoyés :

– Ce n'est plus par des moyens indirects, mais bien ouvertement qu'on me rappelle, après avoir depuis si longtemps voulu m'arracher à l'Italie, en me refusant des armes et des subsides. Voilà donc Hannibal vaincu, non par le peuple romain, qu'il a tant de fois taillé en pièces et mis en fuite, mais par le sénat de Carthage, instrument de la calomnie et de l'envie. La honte de mon retour donnera moins de joie et d'orgueil à Scipion, qu'à cet Hannon, qui pour abattre notre famille, n'a pas craint, à défaut d'autre vengeance, de sacrifier Carthage.

Hannibal avait depuis longtemps prévu ce rappel et ses vaisseaux étaient prêts : laissant donc tout ce qu'il avait de troupes inutiles dans le Bruttium pour garder le petit nombre des places de cette province qui lui restaient fidèles, plus par crainte que par attachement, il embarqua pour l'Afrique l'élite de son armée. Beaucoup d'entre eux, Italiens de naissance, refusèrent de le suivre en Afrique, et cherchèrent un asile dans le temple de Junon Lacinia, demeuré jusqu'alors inviolable : il les fit impitoyablement massacrer dans le sanctuaire même. Jamais, dit-on, un exilé forcé de quitter sa patrie ne s'éloigna avec plus de douleur qu'Hannibal n'en éprouvait à évacuer le sol ennemi. Il se retourna souvent vers les côtes de l'Italie, accusant les dieux et les hommes et se chargeant lui-même d'imprécations pour n'avoir pas mené droit à Rome ses soldats encore tout couverts du sang des

Romains tués à Cannes. Scipion avait bien osé marcher sur Carthage, bien que pendant son consulat il n'eût pas même vu les Carthaginois en Italie. Et lui, Hannibal, qui avait tué cent mille hommes à Trasimène et à Cannes, il avait perdu toute sa vigueur à Casilinum, à Cumes, à Nola. Ce fut au milieu de ces plaintes et de ces regrets qu'il fut arraché de l'Italie, dont il était depuis longtemps en possession.

Tite-Live, *Histoire romaine*, 30, 20

LA BATAILLE DE ZAMA

19 octobre 202

La trêve pour discuter de la paix est rompue. Au début de l'année 202, Hannibal débarque près de Leptis.

Hannibal et Scipion se rencontrent enfin.

Déjà Hannibal était à Hadrumète, il n'accorda que peu de jours à ses soldats pour se remettre des fatigues de la traversée. Les nouvelles alarmantes qu'on lui apportait sur l'occupation de tous les alentours de Carthage par l'armée ennemie le décidèrent à se porter rapidement vers Zama. Cette ville est à cinq journées de Carthage. Les éclaireurs qu'il envoya de là reconnaître le pays furent pris par les avant-postes romains et conduits à Scipion. Celui-ci les confia aux tribuns des soldats, les engagea à tout visiter sans crainte et les fit promener dans le camp partout où ils voulaient. Puis, après s'être informé s'ils avaient tout observé à leur aise, il leur donna une escorte et les fit reconduire vers Hannibal.

Tous les renseignements que reçut le Carthaginois n'étaient pas faits pour le rassurer ; il venait d'apprendre aussi que Massinissa était arrivé le jour même avec six mille hommes d'infanterie et quatre mille chevaux ; la confiance de l'ennemi, qui ne lui paraissait que trop fondée, le frappait surtout. Aussi, bien qu'il fût lui-même cause de cette guerre, bien que son arrivée eût rompu la trêve et détruit tout espoir de traiter, il pensa qu'en demandant la paix, lorsque ses forces étaient encore intactes et qu'il n'avait pas été vaincu, il pourrait obtenir de meilleures conditions.

Il envoya donc un messager à Scipion, pour solliciter une entrevue. Je n'ai aucune raison pour avancer s'il fit la chose de son propre mouvement, ou si l'ordre lui en fut donné par les magistrats de Carthage. Valérius Antias rapporte que, vaincu par Scipion dans un premier combat, où il eut douze mille hommes tués et mille sept cents faits prisonniers, il se rendit comme ambassadeur, avec dix autres personnages, au camp de Scipion. Au reste, Scipion consentit à l'entrevue ; et les deux généraux, de concert, rapprochèrent leurs camps, afin de discuter plus facilement. Scipion prit aux environs de la ville de Naraggara une position d'ailleurs avantageuse et qui présentait des facilités pour faire de l'eau en deçà de la portée du trait. Hannibal s'établit à quatre milles[1] de là sur une hauteur, également sûre et avantageuse, sinon qu'elle était éloignée de l'eau. On choisit entre les deux camps un endroit qui se voyait de partout, afin de rendre toute surprise impossible.

Tite-Live, Histoire romaine, 30, 29

Hannibal prend la parole pour demander dignement la clémence de Scipion. Assez de souffrances, de disparitions d'êtres chers…

Laissant chacun leur escorte à pareille distance, et ne gardant que leur interprète, les deux généraux entrèrent en conférence. C'étaient les premiers capitaines non seulement de leur siècle, mais aussi de tous les temps ; ils pouvaient être comparés aux plus grands rois, aux plus grands généraux de toutes les nations. Lorsqu'ils furent en présence l'un de l'autre, ils restèrent un instant comme interdits par l'admiration mutuelle qu'ils s'inspiraient, et gardèrent le silence. Hannibal le premier prit la parole :

— Puisque les destins ont voulu qu'Hannibal, après avoir commencé les hostilités contre le peuple romain, après avoir

---

1. 6 km.

eu tant de fois la victoire entre les mains, se décidât à venir demander la paix, je m'applaudis du hasard qui m'adresse à vous plutôt qu'à un autre. Vous aussi, parmi tous vos titres de gloire, vous pourrez compter comme un des principaux d'avoir vu Hannibal, à qui les dieux ont donné de vaincre tant de généraux romains, reculer devant vous seul, et d'avoir terminé cette guerre signalée par vos défaites avant de l'être par les nôtres. Encore un des caprices les plus bizarres de la fortune ! Votre père était consul quand je pris les armes ; c'est le premier général romain avec lequel j'en sois venu aux mains ; et c'est à son fils que je viens, désarmé, demander la paix. Il eût été à souhaiter que les dieux eussent inspiré à nos pères assez de modération pour se contenter, les vôtres, de l'empire de l'Italie, les nôtres, de celui de l'Afrique. La Sicile et la Sardaigne valent-elles pour vous toutes ces flottes, toutes ces armées, tous ces généraux illustres qu'elles vous ont coûtés ? Mais oublions le passé ; on peut le blâmer plutôt que le refaire.

À force de convoiter le bien d'autrui, nous avons mis nos propres possessions en péril, et nous avons eu la guerre, vous, en Italie, nous, en Afrique : mais vous avez vu, vous, presque à vos portes et sur vos remparts, les enseignes et les armes des ennemis ; nous, nous entendons de Carthage le bruit du camp romain. L'objet de nos plus cruelles alarmes, celui de vos plus ardents désirs, est atteint : c'est de votre côté qu'est la fortune au moment où la paix se traite ; et nous qui traitons, nous avons le plus grand intérêt à la conclure, et nous sommes assurés que tous nos actes seront ratifiés par nos républiques. Il ne nous faut qu'un esprit assez calme pour ne pas repousser des dispositions pacifiques. Pour moi, qui rentre vieillard dans cette patrie que j'ai quittée enfant, à mon âge[2], mes succès, mes revers m'ont appris à préférer les calculs de la raison aux inspirations de

2. À 9 ans avec son père pour l'Espagne. En 202, il a 44 ans.

la fortune. Mais votre jeunesse[3] et le bonheur qui n'a cessé de vous accompagner me font craindre que vous ne soyez trop fier pour adopter des résolutions pacifiques. On ne songe pas volontiers à l'inconstance de la fortune, quand on n'a jamais été trompé par elle. Ce que j'étais à Trasimène, à Cannes, vous l'êtes aujourd'hui. Élevé au commandement quand vous aviez à peine l'âge de service[4], vous avez tout commencé avec une rare audace : la fortune ne l'a pas trahie un seul instant. En vengeant la mort d'un père et d'un oncle, vous avez trouvé, dans les désastres mêmes de votre famille, l'occasion de faire briller d'un vif éclat votre valeur et votre piété filiale. L'Espagne était perdue : vous l'avez reconquise en chassant de cette province quatre armées carthaginoises. Créé consul dans un moment où tous les Romains découragés renonçaient à défendre l'Italie, vous êtes passé en Afrique : là vous avez détruit deux armées, vous avez pris à la même heure et brûlé deux camps ; vous avez fait prisonnier Syphax, ce roi si puissant ; vous avez enlevé nombre de villes à sa domination et à notre empire ; enfin, lorsque après seize ans je me croyais sûr de la possession de l'Italie, vous m'en avez arraché. Par goût, vous pouvez préférer la victoire à la paix. Je connais ces caractères qui tiennent plus à l'honneur qu'à l'intérêt ; et moi aussi j'ai eu autrefois les mêmes illusions. Que si les dieux, avec la bonne fortune, nous donnaient aussi la sagesse, nous songerions à la fois, et aux événements accomplis, et aux événements possibles. Vous avez en moi, sans parler des autres, un exemple frappant des vicissitudes humaines. Vous m'avez vu naguère campé entre l'Anio et votre ville porter mes étendards jusqu'au pied des remparts de Rome ; aujourd'hui vous me voyez, pleurant la mort de mes deux frères, ces guerriers aussi intrépides qu'illustres capitaines, arrêté sous les murs de ma patrie presque assié-

3. Scipion a 33 ans.
4. Scipion avait 19 ans en 216.

gée, vous conjurer d'épargner à ma ville la terreur que j'ai portée dans la vôtre.

Plus la fortune vous élève, moins vous devez vous y fier. En nous donnant la paix au milieu du cours de vos prospérités et quand nous avons tout à craindre, vous vous montrez généreux, vous vous honorez ; nous qui la demandons, nous subissons une nécessité. Une paix certaine est meilleure et plus sûre qu'une victoire qu'on espère : l'une est entre vos mains, l'autre au pouvoir des dieux. Ne livrez pas aux chances d'une heure de combat un bonheur de tant d'années. Si vous pensez à vos forces, n'oubliez pas non plus la puissance de la fortune et les chances de la guerre. Des deux côtés il y aura du fer et des bras ; les événements ne sont jamais moins sûrs que dans une bataille. Ce qu'un succès ajouterait de gloire à celle que vous pouvez dès à présent vous assurer en accordant la paix ne vaut pas ce que vous en ôterait un revers. Les trophées que vous avez conquis, ceux que vous espérez, peuvent être renversés par le hasard d'un moment. En faisant la paix, vous êtes maître de votre destinée, Publius Cornelius : autrement il faudra accepter le sort que les dieux vous donneront. Marcus Atilius Régulus aurait été cité comme un exemple bien rare de bonheur et de vaillance sur cette terre, s'il eût voulu, après la victoire, accorder la paix à la demande de nos pères. Il ne sut pas mettre des bornes à sa prospérité, ni retenir l'essor de sa fortune, et plus son élévation avait été glorieuse, plus sa chute fut humiliante[5].

Sans doute c'est à celui qui donne la paix, et non à celui qui la demande, d'en régler les conditions ; mais peut-être ne sommes-nous pas indignes de prononcer nous-mêmes sur notre châtiment. Nous ne nous refusons pas à ce que tous les pays qui ont été cause de la guerre restent sous votre

---

5. C'est lui qui débarqua en Afrique à la fin de la Première Guerre punique et refusa de négocier la paix.

domination, c'est-à-dire la Sicile, la Sardaigne et toutes les îles de la mer qui séparent l'Afrique de l'Italie. Nous autres Carthaginois, nous nous renfermerons dans les limites de l'Afrique ; nous vous verrons, puisque telle est la volonté des dieux, gouverner sur terre et sur mer les pays mêmes encore indépendants de vos lois.

J'avoue que le peu de sincérité que nous avons mis à demander naguère ou à attendre la paix doit vous rendre suspecte la foi punique. Mais le nom de ceux qui demandent la paix, Scipion, doit être une garantie de l'observation fidèle du traité. Votre sénat lui-même, à ce que j'ai ouï dire, n'a pas eu d'autre raison pour nous la refuser que le peu de dignité de notre ambassade. Aujourd'hui c'est Hannibal, c'est moi qui la demande ; je ne la demanderais pas si je ne la croyais utile, et je la maintiendrai par les mêmes motifs d'intérêt qui me la font demander. Après avoir commencé cette guerre, je n'ai rien négligé pour qu'on n'en eût pas de regret, du moins tant que les dieux ne m'ont pas retiré leur protection. Eh bien ! je ferai mes efforts pour que la paix que j'aurai procurée ne laisse non plus de regret à personne.

Tite-Live, *Histoire romaine*, 30, 30

Scipion fait une réponse cinglante et sans appels, lui rappelant que les Dieux sont à ses côtés.

À ce discours le général répondit à peu près en ces termes :

— Je n'ignorais pas, Hannibal, que l'espérance de vous voir arriver avait seule poussé les Carthaginois à rompre et la trêve qu'ils avaient jurée et la paix qui se préparait. Vous ne cherchez pas vous-même à le dissimuler, quand des conditions précédemment établies pour la paix vous retranchez tout, excepté ce qui est depuis longtemps en notre pouvoir. Au reste, autant vous avez à cœur de faire sentir à vos concitoyens combien votre arrivée les soulage, autant je dois veiller à ce que la suppression des articles qu'ils ont consentis précédemment ne devienne pas aujourd'hui le prix de leur perfidie. Vous ne les méritez seulement pas, ces premières conditions ; et vous voudriez encore tirer parti de votre mauvaise foi ! Ce n'est pas pour la Sicile que nos pères ont fait la première guerre, ni pour l'Espagne que nous avons fait la seconde. Alors c'était le péril des Mamertins nos alliés ; aujourd'hui c'est la ruine de Sagonte ; c'est toujours une cause juste et sacrée qui nous met les armes à la main. Vous avez été les agresseurs, vous l'avouez, Hannibal, et les dieux m'en sont témoins, les dieux qui, dans la première guerre, ont fait triompher le bon droit et la justice, comme ils les font et les feront triompher encore cette fois. Pour ce qui me concerne, je connais la faiblesse de l'homme, je songe à la puissance de la fortune, et je sais que toutes nos actions sont subordonnées à mille chances diverses. Au reste, j'aurais pu m'avouer coupable de présomption et de violence, si, avant de passer en Afrique, vous voyant quitter volontairement l'Italie et venir à moi, vos troupes déjà embarquées, pour demander la paix, j'eusse repoussé vos offres ; mais aujourd'hui que la bataille est déjà presque engagée, que, malgré vos résistances et vos tergiversations, je vous ai attiré en Afrique, je ne vous dois aucun ménagement. Ainsi donc, si aux conventions qui semblaient devoir servir de base à la paix vous ajoutez une réparation convenable pour l'attaque de nos vaisseaux et de nos convois, et pour l'attentat commis sur nos députés en pleine trêve, j'en pourrai référer au conseil. Si vous trouvez ces premières clauses mêmes trop onéreuses, préparez-vous à la guerre, puisque vous n'avez pu supporter la paix.

La paix ne se fit pas ; la conférence fut rompue, et les deux généraux retournèrent vers leur escorte, annonçant que le pourparler n'avait eu aucun résultat ; qu'il fallait décider la querelle par les armes, et attendre son sort de la volonté des dieux.

Tite-Live, *Histoire romaine*, 30, 31

L'ultime rencontre entre les deux grands généraux se prépare.
Enjeux considérables.

Rentrés dans leur camp, tous deux ordonnèrent à leurs
soldats de préparer leurs armes et leur courage pour une
dernière bataille. « S'ils avaient le bonheur de triompher,
leur victoire ne serait pas éphémère, mais définitive. Ils
sauraient avant la nuit du lendemain si ce serait Rome ou
Carthage qui ferait la loi au monde. Ce n'était plus l'Afrique ou l'Italie, c'était l'univers entier qui allait devenir la
récompense du vainqueur ; et le péril serait aussi grand
que la récompense pour celui contre qui tourneraient les
chances du combat. »

Pour les Romains, en effet, point d'asile sur cette terre
étrangère et inconnue ; pour Carthage, lorsque cette dernière
ressource serait épuisée, nulle autre perspective qu'une ruine
imminente.

C'était pour décider de cette grande question que s'avançaient sur le champ de bataille les deux peuples les plus
puissants de la terre, représentés chacun par le plus grand
de leurs généraux, par la plus brave de leurs armées, et prêts
à couronner par un nouveau succès l'édifice de leur gloire
ou à le renverser. Les esprits flottaient donc incertains entre
l'espérance et la crainte ; chacun, considérant tantôt ses forces,
tantôt celles de l'ennemi, les appréciait à l'œil plutôt que
par le calcul et se laissait aller en même temps à la joie et à
la tristesse. Les réflexions que les soldats ne se faisaient pas
d'eux-mêmes leur étaient suggérées, par les conseils et les
exhortations de leurs généraux. Le Carthaginois rappelait
aux siens leurs seize années d'exploits en Italie, tous les
généraux romains, toutes les armées qu'ils avaient taillés
en pièces ; quand il arrivait devant un soldat qui s'était
distingué par quelque action d'éclat, il lui remettait ses
hauts-faits en mémoire. Scipion parlait des Espagnes et des
combats livrés naguère en Afrique, et de la faiblesse avouée
de son ennemi, qui ne pouvait ni s'empêcher de demander

la paix, tant il avait peur, ni la garder fidèlement, tant la mauvaise foi était innée en lui. Il parlait aussi de son entrevue avec Hannibal, dont le mystère laissait le champ libre aux suppositions. Il augurait bien de ce que les mêmes auspices qui s'étaient manifestés à leurs pères avant la bataille des îles Égates venaient de leur apparaître aussi au moment où ils sortaient pour le combat. « Ils touchaient, leur dit-il, au terme de la guerre et de leurs fatigues. Il dépendait d'eux de s'assurer les dépouilles de Carthage et un glorieux retour dans leur patrie, auprès de leurs parents ; de leurs enfants, de leurs femmes et de leurs dieux pénates. »

Tout cela, Scipion le leur disait la tête haute et la joie dans les yeux, si bien qu'on eût pu le croire déjà vainqueur. Il mit ensuite ses troupes en bataille.

Tite-Live, *Histoire romaine*, 30, 32

19 octobre 202, les troupes sont disposées en ordre de bataille à Zama.

Scipion ne forma point sa ligne par cohortes serrées et disposées chacune en avant de ses enseignes ; mais il ménagea entre les manipules de faibles intervalles, de manière à ce que les éléphants de l'ennemi pussent entrer dans les rangs sans y porter le désordre. Laelius, qui avait été son lieutenant, qui était cette année attaché à sa personne comme questeur extraordinaire en vertu d'un sénatus-consulte, fut placé à l'aile gauche avec la cavalerie italienne ; Massinissa et ses Numides à la droite. Pour remplir les vides ménagés entre les manipules des *antesignani*[6], il se servit des vélites[7] qui composaient alors les troupes légères : ils avaient ordre, dès que les éléphants donneraient, ou de se retirer derrière les lignes régulières, ou de s'éparpiller à droite ou à gauche

6. Premières lignes.
7. Fantassins légers.

et de se ranger contre les *antesignani*, afin d'ouvrir aux animaux un passage où ils viendraient tomber sous les coups de mille traits croisés.

Hannibal plaça, comme moyen de terreur, ses éléphants en première ligne : il en avait quatre-vingts, nombre qu'il n'avait jamais réuni dans aucune bataille ; puis venaient ses auxiliaires Ligures et Gaulois, entremêlés de Baléares et de Maures ; à la seconde ligne, les Carthaginois, les Africains et la légion macédonienne ; puis, à un faible intervalle, sa réserve composée d'Italiens. C'étaient, pour la plupart, des Bruttiens, qui, par contrainte et par force, plutôt que de bonne volonté, l'avaient suivi lorsqu'il évacuait l'Italie. Sa cavalerie garnissait aussi les ailes ; les Carthaginois à la droite, et les Numides à la gauche.

Hannibal essaya de toutes sortes d'encouragements pour animer ce mélange confus d'hommes qui n'avaient rien de commun, ni la langue, ni les usages, ni les lois, ni les armes, ni les vêtements, ni l'extérieur, ni les intérêts. Aux auxiliaires il fit voir une riche solde pour le moment et de plus riches dépouilles dans le partage du butin. Parlant aux Gaulois, il attisa dans leur âme le feu de cette haine nationale et naturelle qu'ils nourrissaient contre Rome. Aux yeux des Ligures il fit briller l'espoir de quitter leurs âpres montagnes pour les plaines fertiles de l'Italie. Il épouvanta les Maures et les Numides par le tableau du despotisme cruel sous lequel Massinissa les écraserait. En s'adressant à d'autres, c'étaient d'autres espérances, d'autres craintes qu'il remuait au fond de leur cœur. Il parla aux Carthaginois des remparts de la patrie, des dieux pénates, des sépultures de leurs pères, de leurs enfants et de leurs parents, de leurs femmes éperdues ; il leur montra la ruine et l'esclavage d'une part, de l'autre l'empire du monde, alternative terrible qui ne laissait pas de milieu entre la crainte et l'espérance.

Tandis que le général s'adressait ainsi à ses Carthaginois, et que les chefs des nations diverses de son armée haranguaient leurs concitoyens et, par la bouche d'interprètes, les étrangers mêlés à leurs bandes, les Romains sonnèrent tout à coup de la trompette et du clairon, et poussèrent un cri si formidable que les éléphants se rejetèrent sur leur armée, et surtout à leur gauche, sur les Maures et les Numides. Massinissa qui vit l'effroi des ennemis, augmenta sans peine leur confusion, et les priva sur ce point du secours de leur cavalerie. Néanmoins quelques éléphants, plus intrépides que les autres, fondirent sur les Romains et causèrent un grand ravage parmi les vélites, non sans être eux-mêmes criblés de blessures : car les vélites, se repliant sur les manipules, ouvrirent un passage aux éléphants pour n'être pas écrasés par eux, et quand ils virent, au milieu des rangs, ces animaux qui prêtaient le flanc des deux côtés, ils les accablèrent d'une grêle de traits ; en même temps les *antesignani* ne cessaient de lancer sur eux leurs javelots. Chassés enfin des lignes romaines par ces traits qui pleuvaient sur eux de toutes parts, ces éléphants se rejetèrent comme les autres contre la cavalerie carthaginoise, à l'aile droite, et la mirent en déroute. Dès que Laelius vit les ennemis en désordre, il profita de leur effroi et augmenta leur confusion.

Tite-Live, *Histoire romaine*, 30, 33

Après les éléphants qui, tels des chars d'assaut, ont enfoncé les lignes romaines, c'est au tour des infanteries d'entrer en contact en poussant leurs cris de guerre.

L'armée carthaginoise était privée de sa cavalerie aux deux ailes, quand les deux infanteries s'ébranlèrent ; mais déjà leurs forces et leurs espérances n'étaient plus égales. Joignez à cela une circonstance, fort légère en elle-même, mais qui eut une grande importance dans cette affaire ; le cri des Romains était plus uniforme et par là plus nourri, plus terrible, tandis que de l'autre côté c'étaient des sons discordants, c'était un mélange confus d'idiomes divers.

L'armée romaine se tenait ferme et compacte par sa propre masse autant que par le poids de ses armes, dont elle écrasait l'ennemi. Les Carthaginois ne faisaient que voltiger et déployaient plus d'agilité que de force. Aussi, dès le premier choc, les Romains ébranlèrent l'ennemi ; ils le poussèrent alors à l'aide des bras et du bouclier, et, avançant à mesure qu'il reculait, ils gagnèrent ainsi du terrain sans éprouver presque de résistance. Les derniers rangs pressèrent les premiers dès qu'ils s'aperçurent que la ligne était en mouvement, et cette manoeuvre leur donna une grande force d'impulsion.

Du côté des ennemis, la seconde ligne, composée d'Africains et de Carthaginois, au lieu de soutenir les auxiliaires qui pliaient, craignit que les Romains, après avoir écrasé les premiers rangs qui résistaient avec acharnement, n'arrivassent jusqu'à elle, et lâcha pied. Alors les auxiliaires tournèrent brusquement le dos et se rejetèrent vers leurs amis : les uns purent se réfugier dans les rangs de la seconde ligne ; les autres, se voyant repoussés, massacrèrent pour se venger ceux qui naguère avaient refusé de les secourir et qui maintenant refusaient de les recevoir. C'était donc un double combat, pour ainsi dire, que soutenaient les Carthaginois aux prises tout à la fois avec leurs ennemis et avec leurs auxiliaires. Cependant, dans l'état d'effroi et d'exaspération où ils voyaient ces derniers, ils ne leur ouvrirent pas leurs rangs ; ils se serrèrent les uns contre les autres et les rejetèrent aux ailes et dans la plaine d'alentour hors de la mêlée, afin d'éviter que ces étrangers en désordre et couverts de blessures n'allassent porter le trouble dans un corps de soldats carthaginois qui n'était pas encore entamé.

Au reste, il y avait un tel encombrement de cadavres et d'armes sur la place qu'avaient naguère occupée les auxiliaires, que les Romains avaient, pour ainsi dire, plus de peine à s'y frayer un passage qu'ils n'en auraient eu pour passer à travers les rangs serrés de l'ennemi. Aussi les *hastati*[8] qui étaient en tête, poursuivant les fuyards, chacun comme il le pouvait, à travers ces monceaux de cadavres et d'armes et ces mares de sang, confondirent leurs enseignes et leurs rangs. La même fluctuation se fit bientôt remarquer aussi dans les rangs des principes[9], qui voyaient la première ligne en désordre. Quand Scipion s'en aperçut, il ordonna aussitôt aux *hastati* de battre en retraite, envoya les blessés à l'arrière-garde, et fit avancer sur les ailes les principes et les *triarii*[10], pour donner plus d'assiette et de solidité au corps des *hastati*, qui formait ainsi le centre. Un nouveau combat fut donc engagé ; les Romains se trouvaient en face de leurs véritables ennemis ; c'étaient de part et d'autre les mêmes armes, la même expérience, la même gloire militaire, les mêmes espérances ambitieuses, les mêmes dangers à courir ; tout était égal. Mais les Romains avaient l'avantage du nombre et du courage ; ils avaient déjà mis en déroute la cavalerie et les éléphants ; déjà vainqueurs de la première ligne, ils venaient combattre la seconde.

Tite-Live, *Histoire romaine*, 30, 34

Les troupes carthaginoises sont taillées en pièces. Hannibal s'enfuit.

Laelius et Massinissa, qui avaient poursuivi assez loin la cavalerie en fuite, revinrent à temps attaquer par-derrière la ligne ennemie ; cette charge de cavalerie mit enfin

8. Première ligne de la légion composée d'hommes jeunes portant l'*hasta*, une lance. Scipion les équipa de deux lances, une de défense et une de lancer. Ils étaient armés d'une épée courte tranchante et pointue et protégés par un bouclier de bois, de toile et de peau, par une cnémide en bronze sur la jambe gauche, un casque et un protège cœur également en bronze.
9. Ici, les deuxièmes lignes.
10. Les troisièmes lignes à l'armement plus lourd.

les Carthaginois en déroute. Les uns furent enveloppés et massacrés avant d'avoir quitté leurs rangs ; les autres, qui fuyaient dispersés dans la plaine ouverte autour d'eux, rencontrèrent la cavalerie romaine qui battait tout le pays et qui les tailla en pièces. Les Carthaginois et leurs alliés laissèrent sur la place plus de vingt mille morts ; ils perdirent à peu près autant de prisonniers, cent trente enseignes et onze éléphants. Les vainqueurs eurent à regretter environ deux mille hommes.

Hannibal s'échappa au milieu du désordre avec un petit nombre de cavaliers, et se réfugia dans Hadrumète. Pendant le combat comme avant l'action, et jusqu'au moment où il quitta le champ de bataille, il avait déployé toutes les ressources de l'art militaire ; et, de l'aveu même de Scipion, ainsi que des plus habiles hommes de guerre, on lui doit cet éloge, il avait disposé ce jour-là son armée avec un rare talent. Les éléphants étaient en première ligne, pour que leur choc imprévu, leur charge irrésistible, empêchent les Romains de suivre leurs enseignes et de garder leurs rangs, tactique dont ils attendaient tout. Puis venaient les auxiliaires devant la ligne des Carthaginois, en sorte que ce ramassis d'aventuriers de toutes les nations, dont la foi n'avait d'autre lien que l'intérêt, n'était pas libre de prendre la fuite. Hannibal avait calculé aussi qu'en recevant le premier choc des Romains ils amortiraient leur ardeur et serviraient, à défaut d'autre service, à émousser par leurs blessures le fer ennemi. À la réserve il avait placé le corps sur lequel reposait tout son espoir, les Carthaginois et les Africains ; il comptait que toutes choses égales d'ailleurs, ces soldats venant combattre, tout frais encore, des hommes fatigués et blessés, auraient nécessairement l'avantage. Quant aux Italiens, ne sachant s'il devait voir en eux des alliés ou des ennemis, il les avait éloignés du corps de bataille et relégués à l'arrière-garde. Après avoir donné cette dernière preuve de ses talents, Hannibal, qui s'était réfugié dans Hadrumète, retourna à Carthage où il était mandé : il y avait trente-six ans qu'il en était parti enfant. Devant le sénat il déclara qu'il s'avouait vaincu non seulement dans cette bataille, mais aussi dans la guerre, et qu'on n'avait d'espoir de salut qu'en obtenant la paix.

Tite-Live, Histoire romaine, 30, 35

Scipion reçoit les ambassadeurs carthaginois et dicte aux Carthaginois les conditions de la paix.

Le lendemain il rappela les députés, leur adressa des reproches sévères sur leur mauvaise foi, et les engagea à profiter de la leçon que leur donnaient tant de défaites, et à reconnaître enfin l'existence des dieux, la sainteté des serments ; puis il leur dicta les conditions de la paix : « Ils vivraient en liberté sous l'empire des lois ; les villes, les territoires, les frontières qu'ils avaient possédés avant la guerre, ils les conservaient, et dès ce jour les Romains cesseraient leurs dévastations. Ils rendraient aux Romains tous les transfuges, déserteurs et prisonniers ; ils livreraient tous les vaisseaux de guerre, à l'exception de dix trirèmes et les éléphants domptés qu'ils avaient ; ils ne pourraient en dompter d'autres. Il leur était défendu de faire la guerre, soit en Afrique, soit hors de l'Afrique, sans la permission du peuple romain. Ils donneraient satisfaction à Massinissa et concluraient une alliance avec lui. Ils fourniraient des vivres et paieraient la solde aux auxiliaires, jusqu'à ce que leurs députés fussent revenus de Rome. Ils acquitteraient en cinquante ans un tribut de dix mille talents d'argent partagé par sommes égales. Ils remettraient au choix de Scipion cent otages de quatorze ans au moins et de trente ans au plus. Ils obtiendraient une trêve de lui, si les bâtiments de transport capturés pendant la première trêve et leurs cargaisons étaient restitués : sans quoi point de trêve, point de paix à espérer. »

Telles furent les conditions que les députés eurent ordre
de reporter à Carthage. Ils venaient de les exposer dans l'assemblée, et Gisgon, qui s'était levé pour parler contre la paix,
se faisait écouter de la multitude, aussi turbulente que lâche,
lorsque Hannibal, indigné que, dans un pareil moment, de
telles paroles fussent prononcées et écoutées, saisit Gisgon
par le bras et l'arracha de la tribune. Cette violence toute
nouvelle dans une république excita les murmures du peuple,
et le guerrier, déconcerté par cette manifestation à laquelle
la vie des camps ne l'avait point habitué :

– J'avais neuf ans, dit-il, quand je vous ai quittés, et
c'est après une absence de trente-six années que je reviens
parmi vous. Les pratiques de la guerre, je les ai apprises dès
l'enfance, en combattant soit pour mon propre compte, soit
au service de l'état, et je crois les connaître assez bien ; quant
aux lois, aux usages et coutumes de la ville et de la place
publique, c'est à vous de me les apprendre.

Après avoir ainsi excusé sa précipitation, il parla longuement sur la paix pour montrer qu'elle n'était pas trop
désavantageuse et qu'il y avait nécessité de l'accepter.

Ce qui causait le plus grand embarras, c'était que des
vaisseaux capturés pendant la trêve on ne retrouvait que les
bâtiments eux-mêmes ; une enquête n'était pas facile, les
coupables présumés étant dans le parti qui ne voulait pas
de la paix. On convint de rendre les navires et de se mettre
ensuite à la recherche des équipages. Pour ce qui manquerait
des cargaisons, on s'en rapporterait à l'estimation de Scipion,
et les Carthaginois en paieraient ainsi la valeur.

Quelques historiens prétendent qu'Hannibal courut
du champ de bataille à la mer, s'embarqua sur un vaisseau
préparé d'avance et se rendit près d'Antiochos ; que Scipion
ayant demandé avant tout qu'on lui remit Hannibal, on lui
répondit que ce général n'était plus en Afrique.

Tite-Live, *Histoire romaine*, 30, 37

LA MORT

En 196, Hannibal réussit à se faire élire suffète et procède à des réformes financières et fiscales mal vues de l'aristocratie. Pourtant Carthage, libérée de l'effort de guerre, retrouve rapidement sa prospérité. On réalise de grands travaux : urbanisation du quartier de Byrsa, aménagement des ports marchand et militaire. Suspecté de vouloir reprendre la guerre et se croyant menacé par l'arrivée d'une commission d'enquête envoyée par les Romains, Hannibal juge plus prudent de se réfugier à Tyr. Le fugitif prend contact avec le prince héritier, qui se trouve à Antioche, et est autorisé à se présenter à Antiochos III roi de Syrie, lorsque celui-ci revient à Éphèse. On est à l'automne de 195. Hannibal devient alors son conseiller. Il le pousse à entrer en guerre contre les Romains afin de pouvoir rentrer dans sa patrie, promettant de faire de lui le maître de la Grèce et de l'Italie. Il lui propose de se transporter par mer à Carthage et de là en Italie, et, après avoir soumis les populations de la mer Ionienne, de marcher avec elles sur Rome. En réalité, Hannibal compte soulever Carthage et passer en Italie avec des troupes fournies par le roi. Ce projet est réduit à néant par Scipion l'Africain qui, s'étant rendu en Afrique, sème la discorde entre Massinissa et Carthage ; puis, passé en Asie sous le prétexte d'une ambassade, il rend Hannibal suspect en ayant avec lui un entretien secret. Mais cette suspicion, à laquelle s'ajoute une jalousie éveillée par l'admiration générale dont Hannibal est l'objet, fait tomber Antiochos dans le piège : il ne fournit pas d'armée à Hannibal ni même d'escorte pour rentrer à Carthage. Par sa ruse, l'Africain a une fois encore triomphé, réduisant à rien les projets d'Hannibal et privant Antiochos d'un conseiller avisé.

L'historien romain Cornélius Népos retrace la fin du fugitif qui tente désespérément d'échapper aux Romains. Errance toujours teintée de vengeance envers l'ennemi héréditaire. L'historien, friand d'anecdotes, nous en livrent deux sujets à caution qui illustrent pourtant bien la ruse légendaire du Carthaginois.

Il guerroya en Afrique, et de même Magon, son frère, jusqu'au consulat de P. Sulpicius et C. Aurélius. C'est en effet lorsque ces derniers présidaient à la république que les envoyés de Carthage vinrent à Rome remercier le sénat et le peuple romain de la paix qu'ils avaient signée avec eux, leur offrirent comme marque de reconnaissance une couronne d'or et leur demandèrent de faire résider les otages carthaginois à Frégelles et de rendre les prisonniers. À ces demandes, après délibération du sénat, on répondit que leur présent était reçu avec reconnaissance ; que les otages résideraient là où ils le demandaient ; que les prisonniers ne seraient pas rendus parce que Hannibal, qui leur avait fait entreprendre la guerre, qui était le grand ennemi de l'État romain, était encore avec de pleins pouvoirs à la tête de l'armée de par leur volonté, et aussi son frère Magon. Sur cette réponse, les Carthaginois rappelèrent Hannibal et Magon à Carthage. Rentré dans sa patrie, Hannibal fut créé roi après avoir été général pendant vingt ans. De la même manière en effet que Rome se donne des consuls, Carthage créait chaque année deux rois munis de pouvoirs annuels. Dans cette magistrature, Hannibal fit preuve de la même activité qu'il avait montrée dans la guerre ; il arriva, par exemple, au moyen de nouveaux impôts à se procurer assez d'argent pour verser aux Romains les contributions convenues et même à en avoir de reste à conserver au trésor. Ensuite, l'année d'après la préture, sous le consulat de M. Claudius et L. Furius, des envoyés romains arrivèrent à Carthage. Ces envoyés, Hannibal n'en pouvait douter, venaient demander qu'il leur fût livré ; avant donc que le sénat ne leur donnât audience, il s'embarqua clandestinement et vint chercher en Syrie un asile auprès d'Antiochos. Quand cette nouvelle fut connue, les Carthaginois envoyèrent deux navires pour l'arrêter si on pouvait le rejoindre, confisquèrent ses biens, détruisirent sa maison, et quant à lui, ils le déclarèrent exilé.

Mais Hannibal, deux ans après s'être échappé de sa patrie, sous le consulat de L. Cornélius et Q. Minucius, aborda avec cinq navires sur la terre d'Afrique, dans le territoire de Cyrène, pour essayer d'entraîner les Carthaginois à faire la guerre en se servant du nom d'Antiochos pour leur inspirer espoir et confiance ; il avait déjà persuadé ce roi de se mettre à la tête de ses armées et de se diriger vers l'Italie. C'est dans ce pays qu'il donna à son frère Magon l'ordre de partir. Les Carthaginois étant venus à l'apprendre, décrétèrent contre Magon la même peine que contre son frère, mais sans l'avoir en leur pouvoir. Tous deux, voyant la situation désespérée, levèrent l'ancre et déployèrent leurs voiles ; Hannibal rejoignit Antiochos. La mort de Magon a été racontée de deux manières différentes ; pour les uns, un naufrage, pour les autres ses propres esclaves en auraient été l'instrument, d'après les récits qui nous en sont parvenus. Quant à Antiochos, si dans la conduite de la guerre il eût consenti à suivre les conseils d'Hannibal aussi bien qu'en la décidant, ç'aurait été dans une région plus proche du Tibre et non aux Thermopyles84 qu'il eût disputé l'empire du monde à ses rivaux, Hannibal se rendait compte que le plus souvent les plans de son allié étaient dépourvus de sagesse, et pourtant il ne lui manqua jamais de fidélité. Il commanda une fois quelques navires qu'il avait pour consigne de conduire de Syrie en Asie ; il dut avec eux livrer bataille à la flotte rhodienne dans la mer de Pamphylie. L'action, à cause du nombre de ses adversaires, tourna mal pour les siens ; mais lui, à l'aile où il combattit, fut vainqueur.

Quand Antiochos eut été réduit à fuir, Hannibal craignant d'être livré à l'ennemi, ce qui n'aurait pas manqué d'arriver s'il s'était laissé prendre, partit en Crète, parmi les habitants de Gortyne, pour y décider de l'asile qu'il choisirait. Il se rendit compte, étant l'homme du monde le plus avisé, qu'il allait être exposé à un grand danger s'il ne trouvait pas le moyen d'échapper à la cupidité des Crétois ; car il emportait avec lui beaucoup d'argent et savait que la nouvelle en avait transpiré. Il adopte donc le parti suivant : il se procure un certain nombre d'amphores, les remplit de plomb et recouvre d'or et d'argent le dessus des vases. Ces amphores, il les dépose en présence de nombreux Crétois dans le temple de Diane et fait semblant de mettre ses biens sous la garde des citoyens de la ville. Et les ayant ainsi trompés, il prend des statues de bronze qui faisaient partie de ses bagages, les remplit de tout son argent et les laisse négligemment dans la cour, chez lui. Les habitants de Gortyne montent auprès du temple une garde attentive, moins pour le préserver d'un vol que pour empêcher Hannibal d'y reprendre son dépôt à leur insu et de l'emporter.

Après avoir ainsi sauvé ses biens et montré comment un Carthaginois sait se jouer des Crétois réunis, il rejoignit Prusias dans le Pont. À sa cour il apporta les mêmes dispositions contre l'Italie et ne songea qu'à mettre les armes aux mains de ce roi et à l'exciter contre les Romains. Et voyant que ses ressources personnelles ne lui assuraient pas une grande puissance, il travaillait à l'allier aux roitelets voisins et à lui unir des peuplades guerrières. Prusias était en lutte avec le roi de Pergame, Eumène, grand ami des Romains ; la guerre se faisait entre eux à la fois sur terre et sur mer. Mais partout Eumène était le plus fort à cause de son alliance avec les Romains. Aussi Hannibal souhaitait-il sa fin, car si l'on arrivait à s'en débarrasser, toutes les difficultés s'aplanissaient, croyait-il. Pour s'en défaire, voici ce qu'il imagina. On était à quelques jours d'une bataille navale décisive ; Eumène remportait par le nombre de ses navires ; il fallait donc recourir à la ruse puisqu'il n'y avait pas égalité dans les forces. Il donna l'ordre de recueillir tout ce qu'on pourrait trouver de serpents venimeux vivants et de les enfermer dans des vases de terre. Ayant fabriqué ces engins en grand nombre, le jour même où allait se livrer la bataille navale, il convoque les soldats de la flotte auxquels il donne pour consigne de se jeter tous à la fois sur le seul bateau du roi Eumène, tandis que contre les autres ils se contenteront de se défendre, ce qui leur sera très facile grâce à leur abondante provision de serpents. Le navire qui portait le roi leur serait désigné, c'était son affaire à lui. S'ils arrivaient soit à le prendre, soit à le tuer, ils en seraient généreusement récompensés : telle était sa promesse. Après qu'il eut adressé ces mots aux soldats, la flotte de part et d'autre se range en bataille. Les navires une fois en ligne et avant le signal du combat, Hannibal voulant renseigner ses soldats sur celui qui portait Eumène fait monter un messager dans une barque et l'envoie, le caducée en main ; ce messager arrivé à la hauteur des bateaux ennemis montre une lettre et demande à voir le roi. Immédiatement on le conduisit à Eumène, car tout le monde croyait que c'était des propositions de paix dont il s'agissait. Le messager ayant servi à désigner clairement le navire où se trouvait le chef à ses compatriotes rentra à l'endroit d'où il était venu. Quant à Eumène, ayant ouvert la lettre, il n'y lut que des moqueries à son adresse. L'explication de cette démarche, il la cherchait avec étonnement et ne la trouvait pas ; mais il n'en livra pas moins la bataille tout de suite et sans hésiter. Nos adversaires une fois aux prises, les Bithyniens, dociles aux ordres d'Hannibal, se jettent tous sur le navire d'Eumène. À cette vive attaque, le roi ne put résister et demanda son salut à la fuite ; il n'aurait pas échappé aux ennemis s'il ne fût rentré dans ses retranchements établis sur le rivage le plus proche. Les autres navires de Pergame serraient de près leurs adversaires, quand tout à coup, les vases de terre dont nous avons parlé y tombèrent comme une grêle ; ces projectiles provoquèrent tout d'abord le rire des combattants qui ne pouvaient comprendre à quoi ils servaient ; mais quand ils s'aperçurent que les bateaux étaient pleins de serpents, terrifiés par cette étrange manière de combattre et ne sachant plus contre quoi se défendre, ils firent faire volte-face aux navires et rentrèrent dans leurs retranchements. C'est ainsi qu'Hannibal opposa avec succès la ruse aux armes de Pergame. Ce fait d'ailleurs ne fut pas isolé ; fort souvent, quand on combattait sur terre, il arriva par une semblable habileté à mettre ses adversaires en déroute.

Pendant ces événements d'Asie, le hasard voulut que les ambassadeurs de Prusias à Rome fussent invités à un repas chez le consulaire T. Quintius Flamininus, et comme la conversation était tombée sur Hannibal, l'un d'eux dit qu'il était alors dans le royaume de Prusias. Ce renseignement fut le lendemain porté par Flamininus au sénat. Les sénateurs, persuadés que tant que durerait la vie d'Hannibal ils seraient sans cesse menacés de quelque piège, envoyèrent des messagers en Bithynie – parmi eux Flamininus – pour prier le roi de ne pas conserver leur plus grand ennemi chez lui et de le leur livrer. À cette demande Prusias n'osa opposer un refus ; mais il exigea du moins de n'être pas contraint à violer les droits de l'hospitalité ; eux, s'ils le pouvaient, devaient se charger de l'arrêter ; sa résidence serait facile à découvrir. Hannibal en effet n'avait qu'une demeure : une maison fortifiée dont le roi lui avait fait cadeau ; il l'avait aménagée de manière à avoir dans toutes les parties du bâtiment des sorties praticables, très probablement dans la crainte de voir se produire ce qui arriva. C'est en cet endroit qu'étaient venus les envoyés romains et ils s'étaient servis d'une troupe pour cerner la maison, quand un esclave, jetant un coup d'œil depuis la porte, dit à Hannibal que des gens plus nombreux que d'ordinaire et en armes étaient là. Hannibal lui donna l'ordre de faire le tour des portes et de se hâter de lui dire si sur tous les points également les issues étaient fermées. L'esclave ne perdit pas de temps, lui rapporta ce qu'il en était et lui annonça que toutes les sorties étaient gardées. Le Carthaginois comprit qu'il ne s'agissait pas d'un hasard, que c'était à lui qu'on en voulait et qu'il ne pouvait songer à conserver plus longtemps la vie. Mais ne voulant pas y renoncer de par la volonté d'autrui, car il n'avait pas oublié ses grandes actions de jadis, comme il avait toujours du poison sur lui, il en prit.

Hannibal, 7-12

Hannibal meurt la même année que son rival Scipion et que le précepteur du jeune Polybe Philopoemen en 183. La mort simultanée de ces trois capitaines frappa les Anciens.

Printemps 146, après un siège de trois ans, Scipion Émilien, le neveu de l'Africain, accompagné de Polybe clôt la Troisième Guerre punique en détruisant Carthage par les flammes répondant ainsi à la fameuse phrase de Caton : « Delenda est Carthago ! »

COURAGEUX, FOURBE ET CRUEL ?

Appien, dans son livre XI ou Livre syriaque, *imagine une rencontre courtoise entre les deux ennemis. Ce récit pourrait avoir été inventé à l'occasion de la mort de Scipion pour grandir ses vertus un brin controversées après son procès et son exil volontaire à Literne.*

Censeur 3 ans après la fin de la Deuxième Guerre punique, consul pour la deuxième fois en 194, il prit part à la guerre avec son frère Scipion l'Asiatique contre Antiochos III de Syrie (193-190). Pendant ce temps Hannibal s'était exilé chez ce roi dont il était devenu le conseiller. Hannibal prit part aux combats deux fois et deux fois il fut battu. Apparemment il ne rencontra pas Scipion. Il préféra fuir à nouveau avant d'être livré aux Romains. Scipion à son retour à Rome, rencontra l'hostilité des conservateurs, emmenés par Caton l'Ancien, qui lui reprochaient d'avoir gaspillé à son profit des indemnités de guerre. Il s'exila en Campanie jusqu'à sa mort en 183 à 52 ans.

Sa dépouille fut transportée jusqu'à la capitale de la Numidie sétifienne.

L'épitaphe de son tombeau disait :

« Ingrate patrie, tu n'auras pas mes os ».

On dit que, lors de leurs entretiens au gymnase, Scipion et Hannibal eurent un jour, en présence d'une assistance nombreuse, une conversation portant sur le commandement des armées. Scipion ayant demandé à Hannibal quel avait été, à son avis, le meilleur général, celui-ci répondit :

– Alexandre de Macédoine.

Devant cette réponse, Scipion garda son calme, cédant évidemment la place à Alexandre, mais posa une nouvelle question : qui venait en seconde position après Alexandre ? Et Hannibal dit :

– Pyrrhus d'Épire, en considérant évidemment l'audace comme la qualité maîtresse du général.

Il n'est pas possible en effet de trouver des hommes doués d'une plus grande audace que ces rois-là. Alors, bien que piqué au vif, Scipion posa une question supplémentaire : à qui accordait-il la troisième place – en espérant fort obtenir au moins cette troisième place. Mais Hannibal répondit :

– À moi-même ! En effet, quand j'étais encore un jeune homme, je me suis rendu maître de l'Ibérie et j'ai été le premier, après Héraclès, à franchir les Alpes avec une armée ! Après avoir envahi l'Italie, alors que vous aviez tous dès lors perdu confiance, je vous ai détruit quatre cents villes et souvent imposé de combattre aux alentours mêmes de votre cité, cependant que je ne recevais de Carthage ni argent ni soldats.

Quand Scipion vit qu'il n'en finissait pas de se vanter, il éclata de rire et dit :

– Mais où te situerais-tu toi-même, Hannibal, si je ne t'avais pas vaincu ?

Et l'on dit qu'Hannibal, prenant alors conscience de la jalousie qu'il excitait, déclara :

– Moi, je me serais placé avant Alexandre !

C'est ainsi qu'Hannibal, sans renoncer à ses rodomontades, fit discrètement sa cour à Scipion, en laissant entendre qu'il avait battu meilleur qu'Alexandre. À la fin de la réunion, Hannibal invita Scipion à accepter son hospitalité. Scipion répondit qu'il l'aurait fait de très bon cœur, « si toi, Hannibal, tu n'étais pas maintenant avec Antiochos, dont la conduite éveille les soupçons des Romains ».

C'est ainsi que ces deux grands hommes, d'une manière digne de leur génie militaire, limitaient leur inimitié aux périodes de guerre, à la différence de Flamininus. En effet quand plus tard Antiochos eut été vaincu et qu'Hannibal errait, fugitif, du côté de la Bithynie, Flamininus, chargé pour de tout autres raisons d'une ambassade auprès de

Prusias, alors qu'Hannibal ne lui avait causé antérieurement aucun tort, que les Romains ne lui avaient pas donné d'instructions en ce sens et que le fugitif ne pouvait plus leur inspirer de craintes puisque Carthage était détruite, Flamininus, dis-je, fit périr Hannibal par le poison en se servant de Prusias. On dit qu'Hannibal avait reçu un jour un oracle ainsi conçu :

« La glèbe de Libyssa recouvrira le corps d'Hannibal »

et qu'il s'imaginait devoir mourir en « Libye ». Mais il existe en Bithynie un fleuve Libyssos et une plaine de Libyssa, qui doit son nom au fleuve. Si j'ai établi ce parallèle, c'est pour rappeler la grandeur d'âme d'Hannibal et de Scipion et la bassesse de Flamininus.

XI, 10 et 11

Polybe a interrogé le vieux Massinissa pour éclairer le caractère controversé d'Hannibal.

Tout ce qui survenait et arrivait à chacun de ces deux peuples, j'entends les Romains et les Carthaginois, avait pour cause un seul homme, un seul cerveau, je veux dire Hannibal. En Italie, incontestablement, c'était lui qui commandait ; en Espagne c'était lui aussi par l'intermédiaire d'Asdrubal, l'aîné de ses frères, puis par l'intermédiaire de Magon ; c'étaient Asdrubal et Magon qui avaient tué les deux généraux romains à la fois en Espagne. En outre, il menait les affaires de Sicile, au début par l'intermédiaire d'Hippocratès, ensuite par l'intermédiaire de Myttonos l'Africain. Il en était de même en Grèce et en Illyrie ; il effrayait les Romains et créait une diversion en brandissant une menace venant de ces pays, grâce à sa collaboration avec Philippe. Quelle grande, quelle admirable chose produite par la nature, qu'un homme, qu'un cerveau qui est par sa constitution originelle parfaitement à la mesure de toute action humaine qu'il entreprend.

Puisque la situation a attiré notre attention sur le caractère d'Hannibal, l'occasion me paraît appeler des explications sur les traits les plus discutés de ce héros. On estime parfois qu'il fut cruel à l'extrême, et parfois qu'il fut cupide. Dire la vérité, quand il s'agit de lui ou de tout homme public, n'est pas chose facile. Certains affirment que les circonstances font la preuve du caractère, et que les uns se manifestent au pouvoir, si refoulés qu'ils soient auparavant, tandis que d'autres se manifestent dans le malheur. Pour ma part, je crois cette opinion vicieuse ; en effet je vois que dans la plupart des cas, et non dans quelques-uns seulement, soit sous l'influence de l'entourage soit à cause de la complexité des situations, les hommes se trouvent obligés de parler et d'agir contre leurs propres principes.

(...)

Le cas a été à peu près le même, je crois, pour Hannibal ; il eut affaire à des circonstances exceptionnelles et complexes et à des amis très différents dans son entourage immédiat, de sorte que son caractère se laisse vraiment mal connaître d'après ses actions d'Italie. Le rôle des circonstances y est facile à discerner, en fonction de ce que j'ai dit et de ce qui va suivre, mais on aurait tort de négliger le rôle de l'entourage, d'autant que par l'exemple d'un seul de ses avis, on peut prendre une idée suffisante de la réalité. Au temps où Hannibal projetait son passage d'Espagne en Italie avec son armée et où l'on prévoyait des difficultés très importantes pour la nourriture des troupes et la disponibilité de leurs approvisionnements, vu que le trajet semblait avoir quelque chose d'impraticable, tant à cause de sa longueur que du nombre et de la férocité des Barbares habitant sur ce parcours, à ce moment donc, à ce qu'on croit, où ce problème non résolu revenait souvent devant le conseil, un des amis du général, Hannibal qu'on surnommait Monomachos, aurait exprimé cet avis, qu'il voyait seulement une voie qui permettrait d'atteindre l'Italie. Quand Hannibal lui demanda de s'expliquer, il dit qu'il fallait enseigner aux hommes l'anthropophagie et les y habituer. Hannibal ne put rien objecter à cette idée sur le plan de la hardiesse et de l'efficacité, mais il n'arriva pas à se persuader ni à persuader ses amis d'en envisager l'application. Les actes commis en Italie qu'on attribue à Hannibal en parlant de sa cruauté sont, dit-on, l'œuvre de ce Monomachos aussi ; ils sont au moins autant l'œuvre des circonstances.

Hannibal semble bien, à la vérité, avoir été particulièrement cupide et avoir eu pour ami un homme cupide, Magon, qui commandait dans le Bruttium. J'ai reçu cette information de Carthaginois eux-mêmes – car les gens d'un pays connaissent mieux que les autres non seulement le régime des vents, comme dit le proverbe, mais le caractère de leurs compatriotes. En outre j'ai obtenu plus de précisions de Massinissa, qui donnait des explications sur tous les Carthaginois en général et spécialement sur la cupidité d'Hannibal et de Magon. Entre autres choses, il disait que ces deux hommes avaient été vaillamment associés dans l'action depuis leur plus jeune âge, que chacun avait pris de son côté bien des villes soit en Espagne soit en Italie, de vive force ou par reddition, mais que jamais ils n'avaient participé ensemble à une même opération ; chacun cherchait toujours à manœuvrer l'autre plutôt qu'à manœuvrer l'ennemi, pour n'être pas présents ensemble quand une ville tombait ; ils évitaient ainsi à la fois de se quereller à ces occasions et de se partager le butin, alors qu'il y avait entre eux rivalité de rang.

D'ailleurs, à côté de l'influence de l'entourage, ce furent plus encore les circonstances qui, souvent, faisaient violence au caractère d'Hannibal et le modifiaient, comme cela résulte clairement tant de ce qui précède que de ce qui va suivre. Dès que Capoue tomba aux mains des Romains, les cités s'émurent, comme de juste, guettant les occasions et les prétextes pour passer du côté de Rome ; et à ce moment-là précisément, il semble qu'Hannibal se trouva au comble de l'embarras et de l'hésitation devant la situation. D'un côté, ces cités étant très éloignées les unes des autres, il n'était pas en mesure de les surveiller toutes en s'installant dans un lieu unique, alors que l'ennemi disposait même de plusieurs armées à lui opposer ; mais il ne pouvait pas non plus diviser beaucoup ses propres forces. Car alors les ennemis l'auraient dominé facilement, vu à la fois son infériorité numérique et l'impossibilité de se trouver en personne partout. Il était donc obligé d'abandonner ouvertement certaines villes et de retirer d'autres ses garnisons, parce qu'il redoutait de perdre ses propres soldats à l'occasion des changements politiques. Pour certaines villes, il alla jusqu'à violer les traités en transférant les habitants dans d'autres villes et en livrant leurs biens au pillage. Voilà pourquoi, dans leur indignation, les gens l'accusaient qui d'impiété, qui de cruauté. Effectivement, ces actions s'accompagnaient de pillages, de meurtres, de violences à toute occasion, de la part des soldats qui quittaient les villes ou y pénétraient, chacun tenant pour acquis que les habitants laissés à eux-mêmes allaient aussitôt passer à l'ennemi. Voilà pourquoi il est vraiment difficile de se prononcer sur le caractère d'Hannibal, compte tenu de l'influence de ses amis et des circonstances. Ce qui domine en tout cas à son sujet, c'est chez les Carthaginois la réputation de cupidité, et chez les Romains de cruauté.

Histoires, 9, 22-26

Pour Tite-Live également c'est un personnage fascinant à deux visages… Discret dans l'endurance et lumineux au combat, où ses armes et ses chevaux attiraient le regard mais l'historien confirme aussi sa réputation de cruauté que note Polybe chez les Romains.

Il n'y eut pas d'hésitation pour savoir qui succéderait à Asdrubal ; le premier choix des soldats qui avaient aussitôt conduit le jeune Hannibal au prétoire et lui avaient donné le titre de général en chef au milieu d'immenses clameurs

et dans un consentement unanime fut suivi d'une égale
approbation de la plèbe. Alors qu'il était à peine pubère,
Asdrubal l'avait mandé par lettre auprès de lui et la question avait été débattue même au sénat. Comme les Barca
faisaient pression pour obtenir qu'Hannibal fût accoutumé
à la vie militaire et héritât des moyens influents de son père,
Hannon, chef de l'autre faction, déclara :

— Tout en trouvant juste la demande d'Asdrubal, je ne
pense pourtant pas, pour ma part, qu'il faille y consentir.

Tous, surpris du caractère si ambigu de cet avis, avaient
tourné leurs regards vers lui :

— Asdrubal, dit-il, juge qu'il réclame à juste titre au fils
cette fleur de l'âge dont il a offert lui-même la jouissance
au père d'Hannibal, mais nous, il ne nous convient nullement qu'en guise de première formation militaire, nous
habituions notre jeunesse à servir à la débauche des chefs.
Craignons-nous que le fils d'un Hamilcar ne voie trop tard
les pouvoirs démesurés et l'éclat de la royauté exercée par
son père et que nous ne soyons pas assez tôt les esclaves du
fils d'un roi, au gendre duquel nos armées ont été laissées
comme des biens héréditaires ? Pour moi, je suis d'avis de
garder ce jeune homme dans sa patrie, soumis aux lois,
soumis aux magistrats, et de lui apprendre à vivre avec des
droits qui ne soient pas supérieurs à ceux d'autrui, de peur
qu'un jour cette petite flamme ne fasse surgir un immense
incendie.

Il n'y eut que quelques sénateurs – à peu de choses près,
les meilleurs – pour être d'accord avec Hannon ; mais, il en
est ainsi la plupart du temps, l'avis du plus grand nombre
l'emporta sur celui des meilleurs.

Envoyé en Espagne, Hannibal attira sur lui, dès son arrivée, l'attention de toute l'armée ; les vieux soldats croyaient
qu'Hamilcar jeune leur avait été rendu ; ils voyaient la même
énergie dans le visage, la même vivacité dans les yeux, le
même air et les mêmes traits. Il fit ensuite rapidement en sorte

que sa ressemblance avec son père l'aidât le moins possible à gagner les sympathies. Jamais un même caractère ne se prêta mieux aux conduites les plus opposées qui soient, obéir et commander. Aussi aurait-on eu du mal à discerner si c'était au général ou à l'armée qu'il était le plus cher ; il n'était personne qu'Asdrubal préférât mettre à la tête d'une opération où l'on devait agir avec courage et énergie ; il n'était pas non plus de chef avec qui les soldats eussent plus de confiance ou de hardiesse. C'est lui qui montrait le plus d'audace pour affronter les dangers, lui qui montrait le plus de réflexion au milieu des dangers eux-mêmes. Aucune fatigue n'épuisait son corps ou ne pouvait vaincre son âme. Il supportait également la chaleur et le froid ; c'était le besoin de la nature, non le plaisir qui limitait sa nourriture ou sa boisson ; s'agissait-il de veiller ou de dormir ? il ne faisait pas de différence entre le jour et la nuit ; c'est le temps que lui laissaient les affaires qu'il accordait au repos ; celui-ci, il n'allait pas le chercher sur une couche molle ou dans quelque lieu silencieux ; beaucoup le virent souvent, couvert d'un manteau de soldat, couché à terre, au milieu des sentinelles et des postes de garde. Ses vêtements ne le distinguaient nullement des jeunes gens de son âge : c'est par ses armes et ses chevaux qu'il attirait le regard. Il était à la fois, et de loin, le meilleur des cavaliers et des fantassins ; il allait le premier au combat, il était le dernier, la lutte engagée, à se retirer. À d'aussi grandes qualités répondait, chez lui, un nombre égal d'énormes défauts, une cruauté inhumaine, une perfide plus que punique, nul souci du vrai, du sacré, aucune crainte des dieux, aucun respect du serment, aucun scrupule religieux. C'est avec un caractère comportant ces qualités et ces vices qu'il servit pendant trois ans sous le commandement d'Asdrubal, sans rien négliger de ce qu'il fallait faire ou voir pour être un jour un grand chef.

Histoire romaine, 21, 3-4

CHRONOLOGIE

264   Rome intervient en Sicile à l'appel des mercenaires mamertins installés à Messine. C'est le début de la Première Guerre punique (264-241). Défaite navale au large des îles Égates en 241. Carthage demande la paix et perd la Sicile, malgré les victoires terrestres d'Hamilcar Barca.

246   Naissance d'Hannibal le Barcide.

241 à 238   Guerre des Mercenaires : Hamilcar Barca mate la révolte des mercenaires de l'armée carthaginoise qui assiègent la ville. Rome, profitant des problèmes internes carthaginois, annexe la Corse et la Sardaigne.

237-229   Hamilcar Barca constitue, vraisemblablement avec l'accord du sénat carthaginois, une base arrière carthaginoise au Levante espagnol (nord de l'Andalousie et région valencienne). Il fonde, d'après Diodore de Sicile, la ville d'Akra Leuké (Alicante ?) en 231, et gère ce territoire sur le modèle des royaumes hellénistiques.

Vers 228   Fondation de Carthagène par Asdrubal, gendre et successeur d'Hamilcar Barca qui meurt en franchissant le Júcar en 229.

221   Hannibal succède à Asdrubal, assassiné neuf ans après son accession au pouvoir.

219   Siège et prise de Sagonte par Hannibal ; cet épisode déclenche la Deuxième Guerre punique (218-202).

218   Hannibal et son armée franchissent les Alpes au cours de l'hiver. La même année, victoire au Tessin et à la Trébie.

217   Victoire du lac Trasimène.

216   Victoire de Cannes, Capoue se range du côté
                 carthaginois.

215   Traité d'alliance entre Hannibal et Philippe
                 V de Macédoine. Hannibal contrôle toute
                 l'Italie.

211   Hannibal s'approche de Rome.

209   Victoires de P. Cornelius Scipion, le futur
                 Africain, en Espagne. Il met fin à la domination
                 punique sur la péninsule. Il passe ensuite en
                 Afrique où il remporte une première victoire
                 aux Grands-Champs, sur une alliance cartha-
                 ginoise et numide (204).

202   Bataille de Zama ; Hannibal, rentré d'Ita-
                 lie, affronte Scipion. Défaite carthaginoise
                 et conclusion d'un traité de paix confinant
                 Carthage dans son territoire africain et la pri-
                 vant de sa flotte (201). Le traité impose en
                 outre une tutelle politique romaine ainsi que
                 le paiement d'un lourd tribut.

183   Mort d'Hannibal à 64 ans ; mort de Scipion
                 l'Africain.

150   Poussés à bout par les empiètements numides
                 sur leur territoire, les Carthaginois ripostent
                 militairement contre Massinissa. C'est le pré-
                 texte qu'attendait Rome pour en finir avec sa
                 rivale.

149   Rome déclare la guerre à Carthage ; Troisième
                 Guerre punique ; mort de Caton l'Ancien.

Printemps   Après un siège de trois ans, Scipion Émilien,
146   le neveu de l'Africain, accompagné de Polybe,
                 prend et détruit Carthage.

BIOGRAPHIES DES AUTEURS

Appien (95 – 165 ap. J.-C.). Né à Alexandrie sous Domitien (81 à 96 après J.-C.), Appien fut un avocat très recherché. Après avoir exercé sa profession dans sa patrie, il s'installa à Rome, où il obtint la citoyenneté romaine et plaida plusieurs causes avec succès. Probablement influencé par Fronton, Appien a écrit une *Histoire romaine* en 24 livres alors qu'Antonin le Pieux était empereur (138-161 après J.-C.). Certains livres de son œuvre nous sont parvenus en entier (VI-VIII, XI-XII, une partie du livre IX) et particulièrement ceux concernant les guerres civiles (XIII-XVII) qui mettent en scène l'opposition de Marius et Sylla, Pompée et César, Antoine et César Auguste. Utilisant savamment les sources – Polybe, Posidonius, Salluste, Asinius Pollion –, Appien s'attarde d'abord sur l'histoire royale (livre I), pour se pencher ensuite sur les peuples qui ont affronté Rome, faisant en quelque sorte une histoire italique (II), samnite (III), celtique (IV), sicilienne (V), ibérique (VI), carthaginoise (VII), libyenne (VIII), macédonienne et illyrienne (IX), hellénique et asiatique (X), syriaque et parthique (XI), pontique ou mithridatique (XII). Après un long et riche exposé sur les guerres civiles, il revient aux conquêtes de Rome (Égypte, Arabie, Dacie) et pousse son récit jusqu'à Antonin le Pieux (XXI-XXIV).

Son œuvre est un hymne à Rome et à la paix obtenue grâce aux conquêtes. Son *Histoire romaine* se démarque des histoires de son temps, car il y suit un plan original qui se fonde en quelque sorte sur l'histoire locale. Décrivant les peuples adversaires de Rome, il montre la puissance de cette dernière, tout en marquant bien les mérites et les caractéristiques des uns et des autres, insistant souvent sur les institutions romaines, particulièrement celles de la République.

Cornélius Nepos (c. 109 – 27 av. J.-C.). Originaire de Cisalpine, comme Catulle qui lui dédia son volume de poèmes, Cornélius Népos (dont le prénom nous est inconnu), fut l'ami de Cicéron et de Titus Pomponius Atticus. À peu près contemporain de Salluste, il se tint à l'écart de la vie politique. Ayant le goût de l'érudition, il se consacra à une carrière d'écrivain en cultivant plus particulièrement le genre de la biographie. De son œuvre abondante, la postérité n'aura conservé qu'un traité, sans doute publié vers 35 avant J.-C., *Sur les grands généraux des nations étrangères* (vingt Grecs plus quelques rois étrangers), deux chapitres d'un livre *Sur les historiens latins* (la vie de Caton l'Ancien et celle d'Atticus) ainsi qu'une lettre de Cornélie (la mère des Gracques). On sait par ailleurs qu'il était l'auteur de *Chroniques* très appréciées de Catulle, et d'un *De viris illustribus* en 16 livres. On a comparé le travail de Cornélius Népos à celui de César, par le goût de la précision et la subjectivité, mais aussi à Plutarque, dont il annonce la pratique de comparaison des Grecs et des Romains dans les *Vies parallèles*. Pour autant, Cornélius Népos ne prétend pas combler le vide laissé par la mort de Cicéron et reconnaît volontiers que l'histoire, telle que la pratiquent les Latins, est loin d'égaler celle des grands historiens grecs. Préférant l'éloge et l'anecdote parlante, l'historien souffre cependant aujourd'hui d'un manque de crédibilité que rachètent mal ses talents de conteur et son sens de l'anecdote : pour lui, a-t-on pu dire, les faits n'existent que pour autant qu'ils appuient sa démonstration. Son souci de ne pas noyer le lecteur sous les détails, qu'il évoque dans sa vie de Pélopidas, s'explique par sa volonté de faire l'apologie de la discipline romaine, seule capable de dompter les passions et de donner leur vraie dimension à certains êtres d'exception de la trempe d'un Caton.

Polybe (200 – 118 av. J.-C.). Arcadien né à Mégalopolis en 200 av. J.-C., cité appartenant alors à la ligue achéenne, Polybe fut le plus grand historien grec de son temps. Militaire comme son père, Lycortas, plusieurs fois général au sein de cette ligue, que dirigea Philopœmen jusqu'en 182, il fut élu hipparque en 170 ou 169. À la victoire de Paul Émile à Pydna en 168, il fut désigné parmi les mille otages emmenés à Rome pour y être jugés. Le procès n'eut jamais lieu et Polybe s'attira la bienveillance de Scipion Émilien, si bien qu'il l'accompagna dans ses campagnes en Gaule et en Afrique et assista à la chute de Carthage en 146. Entre 146 et 145, il fit office de négociateur entre les Grecs et les Romains et participa à la réorganisation politique de sa patrie. Après de nombreux voyages, à Alexandrie, à Sardes, à Numance et en Atlantique, il meurt en 118, à la suite d'une chute de cheval.

Polybe aurait écrit une biographie de Philopœmen, un traité de tactique, un traité sur les régions équatoriales et une histoire de la guerre de Numance, mais nous ne possédons qu'un tiers de son œuvre principale, les *Histoires*, composées de 40 livres. Seuls les livres I-V sont entièrement conservés. Polybe se fixe un but précis : expliquer comment Rome, en cinquante ans seulement, devient la maîtresse du monde (220-168). Bien qu'il explique les conquêtes de Rome, les unes après les autres, depuis la Première Guerre punique (264) jusqu'à l'année 146 av. J-C., comme le résultat de son impressionnante puissance militaire, il désigne plutôt les institutions comme les causes indiscutables de son ascension. Polybe élimine tout ce qui est superflu ou peut sembler subjectif (comme les discours des personnages historiques, que l'on trouve traditionnellement dans ce genre d'ouvrages). L'auteur discute, critique même ses sources et se soucie avant tout de la vérité historique ; son travail est vraiment un modèle du genre.

Tite-Live (64 ou 59 av. – 17 ap. J.-C.). Né à Padoue dans une famille de notables, Tite-Live consacra sa vie à l'étude et à la recherche. À en croire Sénèque, il aurait commencé par écrire des traités de philosophie ainsi que des dialogues qui tenaient autant de la philosophie que de l'histoire. Mais la grande œuvre de sa vie fut son *Ab Urbe condita libri* en 142 livres, où son ambition était de rendre compte de toute l'histoire romaine, à commencer par le débarquement d'Énée sur les rivages de l'Italie. Les coups de ciseaux de la Parque l'arrêtèrent sur la disparition de Drusus, le frère cadet de Tibère, en 9 av. J.-C., quand il aurait pu envisager un 150ᵉ livre qui l'aurait conduit jusqu'à la mort d'Auguste. De cette œuvre immense n'ont subsisté que 36 livres, les livres I à X et les livres XXI à XXXXV, ainsi que divers fragments. Des premiers livres (la 1ʳᵉ décade consacrée aux événements jusqu'en 293 av. J.-C.) se dégage un pessimisme discret mâtiné de stoïcisme : il semble que Tite-Live ait commencé son entreprise à l'époque de la guerre entre Octave et Antoine, et que la tonalité de sa prose soit donnée par les récents conflits qui ont déchiré la ville. Octave triomphant, Tite-Live ralliera son camp et conseillera le jeune Claude. Dans son travail d'historien, Tite-Live se fie à l'intuition autant qu'il s'en remet aux compilations d'anciens chroniqueurs (Valerius Antias, Fabius Pictor, Coelius Antipater). Mais il se défend mal d'un nationalisme impénitent doublé d'une condescendance dont les Carthaginois, entre autres, font les frais. Fidèle à l'historiographie classique de son temps, il aime à émailler ses belles narrations de discours inauthentiques et néanmoins éloquents, faits pour donner plus de sens à l'événement. Malgré ses leçons de vertu, sa postérité, de Velleius Paterculus et Lucain, de Plutarque à Dion Cassius, et de Dante à Machiavel, rend hommage à la richesse de ses récits.

BIBLIOGRAPHIE

*Les traductions des auteurs antiques cités sont extraites d'ouvrages publiés aux Éditions Les Belles Lettres, excepté les livres 22 et 30 de l'*Histoire romaine *de Tite-Live traduit par Nisard.*

Merci aux éditeurs de ces ouvrages qui, grâce à leurs commentaires, m'ont donné matière à rédiger les textes en italiques.

APPIEN, *Histoire romaine*. Tome VI. Livre XI. *Le livre syriaque (Syriakè)*. Texte établi et traduit par P. Goukowsky. Collection des Universités de France, Paris, 2007.

CORNÉLIUS NÉPOS, *Œuvres*. Texte établi et traduit par A.-M. Guillemin. Collection des Universités de France, Paris, 1923. 5ᵉ tirage 2002.

POLYBE, *Histoires*, Tome I. Introduction générale et Livre I. Texte établi par P. Pédech. Collection des Universités de France, Paris, 1969. 3ᵉ tirage 2003.
—, Tome III. Livre III. Texte établi et traduit par J. de Foucault. Collection des Universités de France, Paris, 1971. 2ᵉ tirage 2003.
—, Tome VIII. Livres X et XI. Texte établi et traduit par E. Foulon (livre X) et R. Weil (livre XI). Collection des Universités de France, Paris, 1990. 2ᵉ tirage 2003.

TITE-LIVE, *Histoire romaine*. Tome XI. Livre XXI. Texte traduit et traduit par P. Jal. Collection des Universités de France, Paris, 1988. 4ᵉ tirage 2003.
—, Tome XIII. Livre XXIII. Texte traduit et traduit par P. Jal. Collection des Universités de France, Paris, 2001. 2ᵉ tirage 2003.

—, Tome XV. Livre XXV. Texte traduit et traduit par F. Nicolet-Croizat. Collection des Universités de France, Paris, 1992. 2ᵉ tirage 2003.

—, Tome XVI. Livre XXVI. Texte traduit et traduit par P. Jal. Collection des Universités de France, Paris, 1991. 2ᵉ tirage 2003.

—, Tome XVIII. Livre XXVIII. Texte traduit et traduit par P. Jal. Collection des Universités de France, Paris, 1995. 2ᵉ tirage 2003.

—, Tome XIX. Livre XXIX. Texte traduit et traduit par P. François. Collection des Universités de France, Paris, 1994. 2ᵉ tirage 2003.

HÉDI DRIDI, *Carthage et le monde punique*. Guides Belles Lettres des Civilisations, Paris, 2006.

CARTES

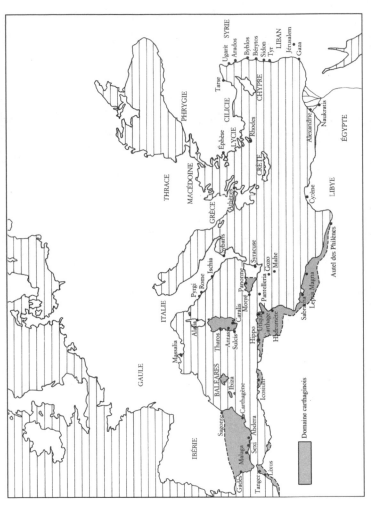

Carte de la région méditerranéenne et du domaine carthaginois

Légende de la carte

GAULE · **ITALIE** · Massalia · Alalia · Pyrgi · Rome · Ischia

IBÉRIE · Saguonte · Carthagène · **BALÉARES** · Ibiza · Tharros · Amus · Sulcis · Caralis · Panormu · Motyé

Sexi · Abdera · Icosium · Lixus · Tanger · Gadès · Malaga

Hippo · Utique · Carthage · Hadrumète · Pantelleria · Gozo · Malte · Sabratha · Lepcis Magna

THRACE · **MACÉDOINE** · **PHRYGIE** · **GRÈCE** · Athènes · Sybaris · Syracuse · **CRÈTE**

Éphèse · **LYCIE** · **CILICIE** · Tarse · Rhodes · **CHYPRE**

Ugarit · **SYRIE** · Arados · Byblos · Bérytos · Sidon · Tyr · **LIBAN** · Jérusalem · Gaza

Alexandrie · Naukratis · **ÉGYPTE** · Cyrène · **LIBYE** · Autel des Philènes

Domaine carthaginois

Peuples et villes d'Italie

Royaume d'Illyrie d'après Lust la Deuxième Guerre punique

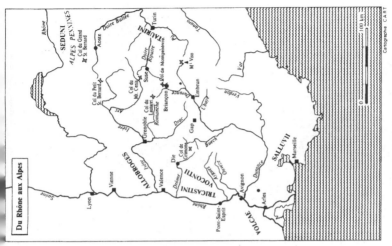

Du Rhône aux Alpes

Rhône · Lyon · Vienne · Isère · Saône · ALLOBROGES · Grenoble · Valence · Drôme · Die · Col de Grimone · VOCONTII · TRICASTINI · Pont-Saint-Esprit · Avignon · Rhône · Arles · Durance · Buech · Gap · Drac · Col du Lautaret · Romanche · Briançon · Embrun · Col de Montgenèvre · Ubaye · M.t Viso · VOLCAE · Durance · Verdon · Var · SALLUVII · Marseille · SEDUNI · ALPES PENNINES · Col du Grand M.t St Bernard · Rhône · Aoste · Doire Baltée · Col du Petit St Bernard · Col du M.t Cenis · Suse · Doire Ripaire · TAURINI · Turin · Pô · Tanaro · Tanaro

0 · 100 km

Cartographe C.A.R.T

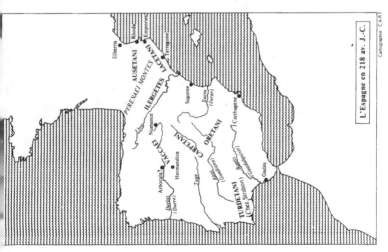

L'Espagne en 218 av. J.-C.

Illiberis · Rhodae · Empories · PYRÉNÉI MONTES · AUSETANI · Ebre · Tarragone · LAIETANI · ILERGETES · Numance · VACCAEI · Arbocala? · Hermandica · Duria (Duero) · Tage · CARPETANI · ORETANI · Sagonte · Sucro (Jucar) · Carthagène · Anas (Guadiana) · Baetis (Guadalquivir) · TURDETANI (Chez Strabon) · Gades

Cartographe C.A.R.T

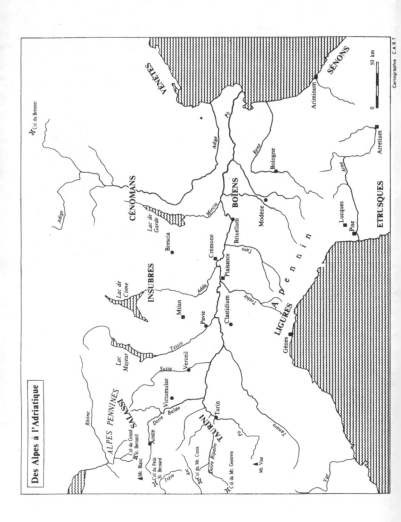

Des Alpes à l'Adriatique

Cartographe C A R T

0   50 km

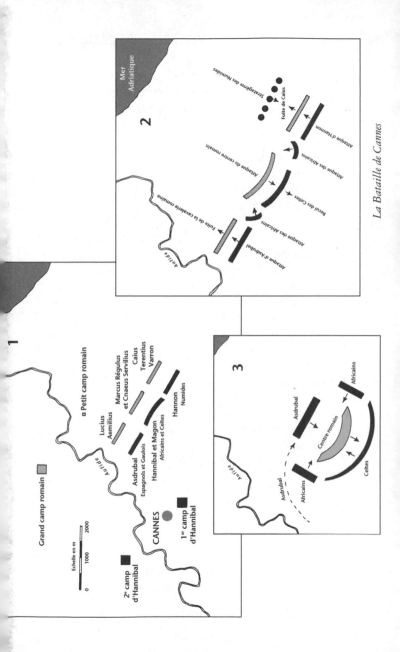

La Bataille de Cannes

TABLE

Ce volume, le onzième de la collection La véritable histoire, publié aux Éditions Les Belles Lettres, a été achevé d'imprimer en septembre 2011 sur les presses de la Nouvelle Imprimerie Laballery 58500 Clamecy
N° d'éditeur : 7305 – N° d'imprimeur : 109322
Dépôt légal : octobre 2011 – Imprimé en France